本书系中国武陵山减贫与发展研究院资助研究成果

民族自治地方经济社会发展水平评估与提升策略研究：以民族自治州为例

李　波 等/编著

科 学 出 版 社
北　京

内 容 简 介

民族自治州是我国实行民族区域自治政策的重要层级和单位，是我国地方政府重要而特殊的组成部分，民族自治州在全国经济和社会发展中具有重要地位和作用。本书全面综合评估了民族自治州经济社会发展水平，探寻了其存在的问题及深层次根源，进而为推进民族自治州跨越式发展和同步建成全面小康社会提供理论依据与决策参考。

本书可供经济学、管理学、民族学等领域的研究人员，高等院校相关专业师生及民族自治地方政府工作人员阅读。

图书在版编目（CIP）数据

民族自治地方经济社会发展水平评估与提升策略研究：以民族自治州为例 / 李波等编著 . — 北京：科学出版社，2018.11

ISBN 978-7-03-059373-3

Ⅰ . ①民…　Ⅱ . ①李…　Ⅲ . ①民族地区经济 – 经济发展 – 研究 – 中国②民族地区 – 社会发展 – 研究 – 中国　Ⅳ . ① F127.8

中国版本图书馆 CIP 数据核字 (2018) 第 249211 号

责任编辑：林　剑 / 责任校对：

责任印制：张　伟 / 封面设计：无极书装

科学出版社 出版

北京东黄城根北街 16 号

邮政编码 :100717

http://www.sciencep.com

北京虎彩文化传播有限公司 印刷

科学出版社发行　各地新华书店经销

*

2018 年 11 月第　一　版　开本：B5（720 × 1000）

2018 年 11 月第一次印刷　印张：9　3/4

字数：200 000

定价：99.00 元

（如有印装质量问题，我社负责调换）

前　言

民族区域自治制度是我国的一项基本政治制度，是中国特色解决民族问题的正确道路的重要内容和制度保障。民族区域自治既保证了国家团结统一，又实现了各民族共同当家作主。实践证明，民族区域自治制度符合我国国情，在维护国家统一、领土完整，在加强民族平等团结、促进民族地区发展、增强中华民族凝聚力等方面都起到了重要作用。民族自治地方的经济社会发展具有重要而深远的政治意义、经济意义和社会意义。因此，关心关注民族自治地方的经济社会发展是全社会共同的责任。我国民族自治地方分为自治区、自治州、自治县（旗）三个行政级别，我国共有155个少数民族自治地方，包括5个自治区、30个自治州、117个自治县和3个自治旗。在评估对象的选择上，5个自治区属于省级层面，受关注较多且较为宏观，对其发展水平评估不易把握。而120个自治县（旗）分属不同的省域，空间分布上没有规律性和特征，在现有的力量和资源基础上，收集准确数据难度较大，评估实施起来困难较多。而30个自治州，除伊犁哈萨克自治州为副省级级别，其他29个自治州均属地级行政区；且从民族自治州地理分布来看，主要以省级结合部边界区域为主，集中分布于天山、横断山、昆仑山、祁连山之间的地方，以及武陵山、雪峰山、长白山及其延伸处，空间特征非常明显，经济社会发展共性较多一些，研究上更有规律性可循。基于主观和客观因素及条件，选择30个自治州为具体研究对象，具有明显的重要性和可行性。

民族自治州是我国民族自治地方的重要组成部分，是实行民族区域自治政策的重要层级和单位。民族自治州在全国经济和社会发展中具有重要地位和作用，加快推进自治州高质量发展和实现同步小康具有以下重要意义：一是政治意义。习近平总书记曾在不同场合多次强调“全面建成小康社会，一个都不能少”，因此实现民族自治州同步小康事关党和国家的承诺和担当。二是实践意义。推动高质量发展是当前和今后一个时期的根本要求，民族自治州高质量发展是贯彻落实党和国家经济政策的具体表现，同时也是探索民族地区高质量发展路径的重要先导。三是示范意义。民族自治州高质量发展是深入贯彻落实五大发展理念的行动体现，能够为其他民族地区加快发展和实现同步小康提供示范和经验借鉴。全面综合评估民族自治州发展水平，可以准确把握民族自治州经济社会发展现状，进而可为推进民族自治州高质量发展和实现同步小康提供理论依据和决策参考。

民族自治州的发展，包括国民经济发展、社会保障与安全、人民生活质量、科教文卫事业发展、资源与环境发展等涉及民族自治州经济与社会发展重要相关的方方面面。因此，民族自治州发展评价指标体系共分为三个层次：一级为目标层，评价指标建立的最终目标是科学定量地测评自治州国民经济和社会发展的综合水平。二级为系统层（分目标层），把经济发展方面、社会保障方面、生活质量方面、科教文卫方面、资源环境方面作为分目标层，即系统层。三级为指标层，每个系统层下设立若干具体指标，共 28 个具体指标。鉴于民族自治州的发展具有明显的现实客观性，评价体系设定较为全面系统，涉及经济发展、社会保障、资源环境等方面的众多因素。每个因素和指标都在一定程度上反映了民族自治州国民经济和社会发展的重要方面，且指标之间彼此具有一定的相关性，因而统计数据指标所反映的信息必然在一定程度上有重叠，评价体系中指标变量多，层次关系复杂。因此为了得到更为客观的评价结果，必须要降低评估体系的维度，从错综复杂的评估要素中，抽取一些主要成分，以便有效地利用大量统计数据，进而对民族自治州的发展进行有效评估分析，因此本研究中采用主成分评估分析方法。

根据评估指标体系和既定的评估方法，对 30 个民族自治州经济社会发展水平进行综合评估，评估结果得到有关部门和相关学者的认可。本研究对民族自治州经济社会发展评估结果进行排名分析、纵向和横向的对比分析，以及空间特征的分析；同时，分别从经济发展、社会保障、生活质量、科教文卫、资源环境等五个方面进行分别排名分析。尽管在指标体系构建和评价方法选用以及数据收集上，力求严谨确切，但是在评价结果及排名上难免有所偏颇。对于民族自治州经济社会发展评估，不是进行排名定性，这也不是本研究的初衷。本研究的出版，除了引起大家对民族自治州发展的关注外，同时也给出一些参考和建议，以期推动民族自治州的高质量发展，进而示范和带动民族自治地方的高质量发展。

衷心希望本书的出版能加深相关领域学者乃至全社会对民族自治地方经济社会发展的关注，同时能够给民族自治地方经济社会发展有一些启发和参考，能够为民族自治地方发展和同步小康贡献一点绵薄之力！

李　波

2018年7月

目　录

导 论

民族自治州是我国实行民族区域自治政策的重要层级和单位，是我国地方政府重要而特殊的组成部分。民族自治州在全国经济和社会发展中具有重要地位和作用，是坚持和完善民族区域自治制度的重要载体，是推动我国区域协调发展的关键一环，是维护国家安全、边疆稳定的重要基石，是构筑我国生态安全屏障的重要依托，是推动民族团结进步事业的重要基点。全面综合评估民族自治州发展水平，可以准确把握其发展现状，进一步探寻其存在的问题及深层次根源，进而为推进民族自治州跨越式发展和同步建成全面小康社会提供理论依据与决策参考。

一、民族自治州发展评价指标体系

民族自治州发展评价指标体系共分为三个层次：一级为目标层，评价指标建立的最终目标是科学定量地测评自治州国民经济和社会发展的综合水平。二级为系统层（分目标层），把经济发展方面、社会保障方面、生活质量方面、科教文卫方面、资源环境方面作为分目标层，即系统层。三级为指标层，每个系统层下设立若干具体指标，共 28 个具体指标。

二、民族自治州发展总体现状分析

1）经济发展方面。30 个民族自治州地区 GDP 由 2015 年 16 240.26 亿元增加到 2016 年 17 415.05 亿元，增长 7.23%。具体而言，主要体现在三个方面：其一，生产总值增长稳定，但区域差异明显，增速较快地区主要集中在贵州和云南，而增速相对较慢的地区主要集中在新疆和青海。其二，人均 GDP 保持平稳，但民族自治州平均人均 GDP 增速低于“十二五”时期的平均水平；其三，产业结构不断优化，26个民族自治州的第一产业产值占GDP比重在降低（向5%靠拢），19个民族自治州的第二产业占比在降低（向30%靠拢），26个民族自治州的第三产业占比在升高（向70%靠拢）。

2）社会保障方面。整体而言，基本养老保险覆盖率较低；医疗保障覆盖率极化现象较为明显；失业保险覆盖率普遍较低，失业后持续发展能力不足。

3）生活质量方面。2016年在公路旅客周转量的排名上，黔南布依族苗族自治州位居第一。与2015年相比，2016年30个自治州公路旅客周转总量增加12 903.08万人千米。在电话普及情况的排名上，伊犁哈萨克自治州位居第一。

4）科教文卫方面。生均教育经费支出最高的是博尔塔拉蒙古自治州，生均支出26 009.13元。电视人口覆盖率最高的是甘南藏族自治州和海北藏族自治州，均达到100%。每50万人文化馆数最多的是果洛藏族自治州（17.63个），每万人卫生机构人员数最多的是甘孜藏族自治州（85.26个）。

5）资源环境方面。单位GDP能耗最低的是海南藏族自治州（0.1吨标准煤/万元），最高的是海北藏族自治州（5.7吨标准煤/万元）。森林覆盖率最高的是延边朝鲜族自治州，达到80.8%，森林覆盖最低的是玉树藏族自治州，仅为2.1%，约是延边朝鲜族自治州的1/39。

三、民族自治州评价的结果分析

通过评价发现，综合发展水平最好的是昌吉回族自治州，较第二名的延边朝鲜族自治州高出10.42%，综合得分排名最低为临夏回族自治州。2016年我国民族自治州区域发展呈现较为明显的空间聚集特征。从分类结果来看，绝对优势区有：昌吉、延边、海西、巴州和楚雄5个自治州，主要位于东部口岸地区、交通和经济走廊以及高原盆地资源汇聚区；相对优势区有：红河、阿坝、海北、西双版纳、大理、甘孜、迪庆、恩施、凉山、博州、德宏、海南和黔南13个自治州，主要位于高原和内陆的过渡带及西南沿边地区；相对劣势区有：文山、黔东南、黔西南、果洛、黄南、伊犁、湘西、甘南、玉树和怒江10个自治州，主要位于高原地区、中西部落后山区；绝对劣势区有：克孜勒苏柯尔克孜和临夏2个自治州，分别位于西北沿边地区和黄土高原地区，自然资源和地理劣势明显，发展较差。

从综合评价与具体五大方面评价得分的变异系数（变异系数为一组数据的标准差除以其平均值，用来反映这组数据的变异程度或波动程度）来看，从大到小依次为经济发展（60.59%）、科教文卫（51.22%）、社会保障（50.70%）、生活质量（47.74%）、综合评价（40.13%）、资源环境（36.16%）。各组评分数据的变异系数反映，各自治州经济发展差异最大，资源环境差异相对最小。资源环境在民族自治州内部差距最小，反映国家在绿色发展和环保方面的刚性要求已经得到明显体现，这与现实情况也是一致的。

1）经济发展方面。评价得分排名第一为海西蒙古族藏族自治州，评价得分为 99.1，远高于排名第二名的昌吉回族自治州（评价得分 69.07）。除海西蒙古族藏族自治州、昌吉回族自治州外，其他 28 个自治州评价得分均在 60 分以下。从与 2010 年排名位次比较来看，2016 年巴音郭楞蒙古自治州、海西蒙古族藏族自治州等 16 个自治州经济发展评价得分排名位次较 2010 年上升，大理白族自治州、迪庆藏族自治州等 14 个自治州 2016 年经济发展排名位次较 2010 年下降。

2）社会保障方面。评价得分排名第一为大理白族自治州。从与 2010 年排名位次比较来看，大理白族自治州、黔南布依族苗族自治州等 15 个自治州 2016 年社会保障得分排名较 2010 年上升，海南藏族自治州社会保障评价得分较 2010 年排名不变，其他 14 个自治州较 2010 年排名则下降。

3）生活质量方面。评价得分中昌吉回族自治州排名第一位，从排名变化来看，其中黔南布依族苗族自治州、黄南藏族自治州等 14 个自治州较 2010 年排名上升，巴音郭楞蒙古自治州和德宏傣族景颇族自治州 2 个自治州排名较 2010 年不变，玉树藏族自治州、克孜勒苏柯尔克孜自治州等 14 个自治州排名较 2010 年下降。

4）科教文卫方面。评价得分排名第一为楚雄彝族自治州，其次分别为昌吉回族自治州、巴音郭楞蒙古自治州，得分均超过 90 分。2016 年自治州科教文卫事业评价得分排名较 2010 年排名变化方面，恩施土家族苗族自治州、黄南藏族自治州等 12 个自治州排名上升，黔东南苗族侗族自治州、黔西南布依族苗族自治州 2 个自治州排名不变，而文山壮族苗族自治州、伊犁哈萨克自治州等 16 个自治州排名下降。

5）资源环境方面。湘西土家族苗族自治州评价得分位列第一。2016 年自治州资源环境发展评价得分排名较 2010 年排名变化方面，楚雄彝族自治州、海北藏族自治州等 14 个自治州排名上升，黔东南苗族侗族自治州排名不变，而西双版纳傣族自治州、红河哈尼族彝族自治州等 15 个自治州排名下降。

四、民族自治州发展存在的问题

1）基础设施建设相对滞后，瓶颈制约大量存在。一是交通基础设施建设仍然落后；二是农业基础设施薄弱；三是信息基础设施落后；四是公共服务设施不完善。

2）生态环境系统脆弱，区位条件制约明显。民族自治州大都处于边境地区、高寒山区或省际结合部，经济社会活动基本局限在自身狭小空间地域范围内，缺乏地域上的连续性。民族自治州有相当一部分属于生态环境脆弱地带，具有被替代概率大、恢复原状机会小、抗干扰能力弱等特性。另外，人与自然的矛盾依然突出。

3）优势特色产业发展缓慢，传统农牧业亟须提升。一是特色优势产业扶持力度不足，缺乏优势的支柱产业；二是产业化水平低，产业支撑能力弱；三是传统农牧业普遍缺乏畜产品加工意识，带动群众增收效果不明显。

4）社会事业发展短板突出，文化教育事业发展薄弱。一是医疗卫生条件差；二是教育事业发展依旧薄弱；三是群众性文体公益性活动设施缺乏；四是优秀民族文化遗产面临灭失风险。

5）金融服务体系总体缺位，现有体制难以满足资金需求。一是与日益增强的金融需求相比，民族自治州金融机构和金融服务严重缺位；二是民族自治州群众金融素养亟须提高；三是民贸民品认定程序复杂，贷款条件限制多；四是非正规金融的畸形发展。

6）"营改增"减税效应明显，地方政府自主支配性财源减少。在新税制（增值税税收中央与地方五五分成）下，发达地区地方税收基本维持，而落后地区，尤其是民族地区，地方税收不增反降，普遍出现一定幅度的减少。这一结果对民族地区维持公共服务、改善民生，乃至政府（机构）运行，都带来较大影响。

7）精准扶贫进入攻坚阶段，全面同步小康难度大。民族自治州是我国全面建成小康社会的重点、难点和短板，贫困问题仍然突出，农牧民增收渠道单一，脱贫攻坚任务异常艰巨。

五、加快推进民族自治州发展的政策建议

（一）坚持发展要务，确保同步实现全面小康

一是坚持走民生型发展之路，重点抓好就业与教育。要坚持以人为本，以

民生为导向，多办顺民心、惠民生的实事，构建民生型政府和公共服务体系。走民生型发展之路，抓好就业和教育是重中之重。就业是头等的民生大事，也是社会稳定的重要保障。民族自治州地区大多产业基础薄弱，就业岗位不足、容量有限、渠道狭窄，一些地方富余劳动力较多，实际失业率偏高，成为制约全面小康的重要障碍。因此要加快特色优势产业发展，始终把就业放在第一的位置，不断拓宽就业渠道，扩大就业容量，逐步实现持续充分就业的目标。要加大国家支持力度，搞好民族地区各级各类教育，尤其是标准化寄宿制学校建设，实行免费中等职业教育，为全面建成小康社会提供强有力的人才和智力保障。二是充分发挥民族自治州资源丰富的优势。大力发展特色优势产业，推动形成一批在全国具有影响的主导优势产业链，切实把资源优势转换为经济优势，这是确保民族地区全面同步小康的重要基础。在资源开发利用过程中，要重点抓好生态环境保护。一方面，要通过精深加工、产业链延伸、吸纳当地就业、利益分配调整等途径，把民族地区资源开发的利益更多地留在当地，通过资源开发带动地方经济发展和广大民众脱贫致富，形成民富区强的发展格局；另一方面，要切实把生态保护放在重要位置，坚持“在保护中开发、在开发中保护”，既要金山银山，又要绿水青山，不以牺牲生态环境为代价换取一时的经济快速增长。

（二）实施差别政策，完善东西部扶贫协作机制

2016年11月中共中央办公厅、国务院办公厅印发《关于进一步加强东西部扶贫协作工作的指导意见》，对自1996年起开始的东西部扶贫协作做出了调整完善，实现了对30个民族自治州结对帮扶的全覆盖。新的东西部扶贫协作政策，是实施精准扶贫精准脱贫的新举措，更是30个民族自治州经济社会发展面临的重大机遇。

通过东部和西部加强合作，合力攻坚精准脱贫需要强调两个方面：一是扶贫是主题，协作是重点。要形成长效保障机制，如东西部扶贫双方党政主要领导亲自主抓合力攻坚，两地每年定期走访、定期互动；定时召开党政联席会议，会议上专门研究两地协作规划、年度计划和工作重点。二是强调东部地区承担的是帮扶责任，西部地区承担的是脱贫攻坚主体责任。东部要围绕产业、就业、人才、资金、社会动员等五个方面，把力量组织好，输送到西部地区。西部地区要把各方面资源整合到一起，形成合力来推动脱贫攻坚。西部是主体责任，要主动对接、主动沟通，提出贫困需求，共同研究制定帮扶规划，彻底摒弃“等、靠、要”“庸、懒、散”的思维和作风。

在东西部合力攻坚精准脱贫的具体做法上，主要聚焦四个方面：一是产业合作。选择好既能增收，又能更多地吸纳就业的产业。把当地的资源条件、百姓参与能力充分结合起来。二是通过援建项目等方式提供一批就业岗位，通过创造就业岗位，增加西部受援助地区居民收入。三是增加对民族自治州教育、文化、医疗、卫生、社会等各方面急需人才的精准支援。将支援队伍的选派工作很好地和西部地区尤其是民族自治州的人力资源需求紧密结合起来。四是通过多种方式增加资金支持。东部地区在居民增收、发展产业、开发资源上经验丰富，要和西部脱贫对接起来，尤其是将东部地区的农村致富能手壮大自身同时带动贫困户发展的经典案例进行提炼和总结，把这些好经验在民族自治州地区推广。

（三）坚守生态底线，落实生态功能区规划

民族自治州落实国家生态功能区规划的途径主要有：

第一，改变经济发展考核指标。在民族地区的生态功能区，应弱化经济增长、工业化和城镇化水平等指标，突出生态环境保护与建设指标。同时，在生态功能区应改革干部任用及考核制度，弱化 GDP 对重点生态功能区干部考核的影响，将生态环境的保护与建设纳入到干部考核体系中。把推进主体功能区主要目标完成情况纳入对各级党政领导班子和领导干部的综合考核评价体系，作为地方党政领导班子调整和领导干部选拔任用、教育培训、奖励惩戒的重要依据。同时根据重点开发、限制开发和禁止开发区域的不同要求，编制自然资源资产负债表，对领导干部实行自然资源资产离任审计，加大问责力度，建立生态环境损害责任终身追究制度。

第二，建立健全生态补偿机制。一是继续完善纵向国家层面的生态补偿。在退耕还林还草、天然林自然保护工程中，继续加大对少数民族地区的生态补偿。同时，应完善法律法规，明确各地区在生态补偿体系中的责任，明确各生态功能区的保护责任和补偿义务。二是建立跨区域的生态补偿机制。生态补偿遵循“谁受益，谁补偿”的原则，西部地区的生态环境对全国都有正的外部性，可以通过在东部地区预算调节（或通过特别税收）筹集资金作为补偿，用于西部民族地区生态功能区的建设。三是建立有利于生态功能区建设的税费制度。为加强生态民族地区生态功能区的建设，可征收生态补偿税。生态补偿税能够使东中部受益地区对实际受益进行支付，对西部民族地区的利益损失进行补偿，协调经济发展和环境保护。

第三，促进生态环境建设产业化发展。民族地区应依托生态环境，实现产

业结构的转变。在山地、林地发展生态绿色种植、养殖，如食用菌栽培、“山药”“山果”“山菜”种植、家畜“山养”等，在绿色种植、养殖的基础之上发展药材、乳品、肉类等加工企业，实现产业结构的转变。

第四，坚定不移走绿色发展之路。围绕绿色转型主线，大力发展生态工业、生态旅游、生态效益农业和高科技产业。进一步加强资源节约利用，发展循环经济，推进绿色清洁生产，强化对土地、森林、大气、水体等生态系统的保护，减少资源消耗和污染物排放，逐步实现生产方式和生活方式绿色化。兼顾生态效益和社会效益双赢，采取政府与企业共同投资的PPP形式，鼓励社会资本参与旅游、能源、水利、城市供水等基础设施建设。推动林业生态型转型发展，保护与发展并举，加强森林资源管护与经营；严格落实国有林区停伐要求；严密防范森林火灾和森林病虫害；坚持森林经营的科学规程，强化对森林资源的全方位和全过程监管；有序引导林区人口向县城所在地和区域中心镇转移。

（四）对接“一带一路”，实施好兴边富民行动

第一，立足国际视野发展民族经济。一是开辟新视野。紧抓“一带一路”建设机遇，改变传统民族地区政策局限于国内或区域市场内部的弊端，将民族地区发展规划与“一带一路”建设动态衔接，立足国际市场资源，推动生产要素双向流通，开辟民族地区经济发展新视野和新空间。二是建立民族地区政策协商及利益补偿机制。由于地区间经济发展程度、区位资源禀赋千差万别，民族地区间政策容易产生冲突或矛盾，有必要建立一个组织程度高、执行力强和监督有效的民族经济统筹管理发展委员会，协调民族地区间政策制定及执行。

第二，完善民族地区基础设施建设，打通经济走廊。一是加强民族地区对外交通建设。鼓励民族地区通过谈判、磋商等方式签订双边交通运输合作协定，结合区域边境合作区及重点国家通道建设规划，加强跨境铁路网、主干公路网、水运航空基础设施及航道建设，推进重点边境城镇之间点对点直达交通项目建设，开辟边境资源与物资绿色通道，提升民族地区跨境交通的通行能力与服务水平。二是加强民族地区内部交通融合建设。整合民族区域规划建设，综合区域铁路网、公路网布局，贯通区域重要交通网点，构建区域内部融合交通网络。同时，完善民族地区邮政、电信和互联网基础设施建设，发挥互联网信息实时共享等特点，构建民族地区间交通信息共享平台，实现区域内交通监控一体化建设。

第三，加大民族地区能源区域合作，形成优势互补。一是探索境外矿产资源联合开发模式。加强境外资源开发合作模式探索，鼓励民族地区有实力的企

业通过股份、设备、技术合作等方式，进入当地资源勘探开发和深加工领域。二是推动农林资源跨境合作。推行跨区域农林合作，依托民族地区农业生产示范园建设，促进农林技术交流，实现农业技术成果和经济效益共享。三是加强重点流域水资源开发。通过谈判、磋商等方式制定跨境水资源协同开发战略协议，整合流域上下游资源，建立流域水资源开发及监管机制，重点加强黑龙江、鸭绿江、澜沧江、雅鲁藏布江等跨境河流水资源合作开发。

第四，建立民族地区边境贸易园区，推动产业升级。一是加强跨境产业园区建设。依托民族地区比较优势产业，充分利用“一带一路”建设贸易政策，分阶段、有计划地推进民族地区边境贸易区和金融合作区的审批和建设工作。二是延伸跨境产业链。依托“一带一路”六大经济走廊不同产业发展方向和重点，加快边境贸易区周边配套设施建设，组建民族地区以龙头企业为代表、以跨境企业为主体的产业合作联盟，培植民族地区优势产业，融合产业园区内核心技术链与产业链，拉动民族地区产业转型升级。

第五，提升民族地区贸易便利水平，促进贸易畅通。一是完善商贸物流体系。在“一带一路”沿线重要交通节点建设一批物流园区、配送中心和物流企业。二是发展跨境电子商务。加强跨境电子商务海外贸易与服务网点建设，整合跨境电商平台资源，探索跨境电商多元主体的经营合作方式。同时鼓励民族地区企业间贸易尽快实现全程在线交易，支持民族地区跨境电子商务零售出口企业加强与境外企业合作，创新营销模式，融入境外零售体系。

第六，促进民族地区人文对外交流，实现民心相通。一是加强内外文化交流。整合民族地区文化品牌，通过文艺演出、影视交流、合作出版等多种方式推动民族地区对外文化交流。同时，充分利用会展经济的聚集和辐射效应，通过跨区域平台的整体性搭建，联合举办民族地区专项文化交流活动，充分发挥会展平台在民族区域经济发展、技术交流、文化传播等方面的作用。二是发展沿边少数民族地区特色文化旅游。整合沿边民族特色旅游资源，培育民族特色村寨旅游、生态旅游、探险旅游、农业旅游等具有边境地域特色、民族特色的旅游项目。

（五）狠抓团结稳定，加强各民族交往交流交融

第一，用社会主义核心价值观构筑共有精神家园，巩固各民族交往交流交融的思想根基。一是夯实理论教育基础，强化思想舆论宣传。要大力弘扬社会主义核心价值观，要坚持以“五个认同”、法治教育为主线，大力加强思想道德建设，用“草根化”的语言、“滴灌式”的方式，把全面教育和重点教育结

合起来，有破有立，疏堵结合，切实提高人民群众对宗教极端思想的免疫力。二是注重实践引导，不断加大正能量。社会主义核心价值观是形成统一指导思想、共同理想信念、强大精神力量、基本道德规范的利器。无论是建立健全各州文化馆（文化活动中心）、图书馆（农家书屋）、博物馆、文化广场等公共文化服务基础设施，保障人民群众看电视、听广播、读书看报、参加大众文化体育活动等基本文化权益，还是发展文化产业、开展群众思想政治工作、举办文化活动、进行文化作品创作，都要与弘扬社会主义核心价值观的内容结合起来。

第二，继续加快少数民族和民族地区经济社会发展，夯实民族交往交流交融的物质基础。一是充分利用有利条件，逐步缩小差距。紧抓国家财政转移支付力度和对口支援力度空前，以及西部大开发、“一带一路”建设等重大战略机遇，发挥好中央支持、发达地区支援和民族地区自力更生“三个积极性”，埋头苦干、不急不躁地坚持科学发展，缩小差距。二是多途径提高民族地区多元增收能力。首先，拓宽增收渠道，增加居民工资性收入。其次，安排好劳务输出。大力扶持自主创业，增强职工转移性收入。一方面可以采取无息贷款、小额贷款等方式帮助贫困人员发展自营经济；另一方面要鼓励贫困人员就地创业，如开小商店、小修理铺等，在税收减免等方面给予优惠条件。三是持续完善对口支援机制与精准扶贫工作机制。

第三，以现代文化引领，解决多元文化共存共荣问题，提供民族交往交流交融的精神力量。坚持以开放态度对待各民族文化，大力发展一体多元、融合开放、具有民族特色的现代文化，扎实做好现代文化落地工作，引导群众在精神情趣、生活方式上向现代化迈进。一是以现代文化对冲极端思想，用好文化阵地，做到文化活动常常有，让群众当主角，走到台前，自娱自乐。让群众共享文化成果，加强交往交流交融，增强“四个认同”。二是加强少数民族传统文化的研究和保护工作，尽快建立健全民族文化资源和文化生态保护的地方性法规，以法律方式保证文化保护的法律地位与运作程序，同时加强文化保护的公众意识和社会责任。加快政府保护方式的改革，要倡导博物馆式、原生态、教育、专业、生产性等多渠道保护方式。最后，重视少数民族文化产业发展，真正把少数民族文化作为重要产业来抓，建立适应社会主义市场经济体制，符合少数民族文化发展规律的文化机制、经营机制，推动少数民族文化产业的发展、繁荣。

（六）加强法制建设，推进民族事务治理法治化

第一，坚持以法治思维贯穿民族团结工作，这是提高民族事务治理法治化

水平的根本前提。要以促进民族团结进步为核心，制定好民族法治宣传教育发展规划，广泛深入开展包括宪法、民族区域自治法在内的法律法规，以及党的民族理论政策、民族基本知识的宣传教育，帮助各族群众牢固树立法治意识，自觉遵守国家法律和有关规定，促使各民族将法治精神和意识内化于心，履行和遵守促进民族团结进步的责任和义务，逐渐地形成和培育各民族共同接受和认同的中华民族共同体意识。同时，要通过加强普法宣传，增强各族群众法治意识，引导各族群众知法、守法、用法、护法，推动形成办事依法、遇事找法、化解矛盾靠法的良好法治环境。

第二，加强民族法律法规体系的完善和创新。要坚持宪法确立的有关解决民族问题的基本原则和基本框架，建立健全与民族区域自治法相配套的法律法规体系，积极推动国务院有关部门制定扶持民族地区发展的部门规章或规范性文件，推动民族自治地方要依照本地实际制定或修订自治条例、单行条例以及相关法律法规的修订，积极参与有关法律法规涉及少数民族和民族地区条款等的研究制定工作。

第三，强化民族法治体系的健全和落实。从国家层面看，就是要站在维护国家统一的高度，坚持依法治国，在法律框架内保障自治机关依法行使自治权，依法落实加快民族自治地方发展的政策措施。从民族自治地方层面看，要在维护宪法权威的基础上，通过建立健全依法决策机制、重大决策合法性审查机制，积极推行政府权力清单制度、法律顾问制度保证民族自治地方依法治理地方事务，依法行使自治权。坚持严格规范公正文明执法，通过完善执法程序和明确具体操作流程，充分尊重少数民族群众感情，积极争取各族群众的理解和支持。既要坚持以法律为准绳，保证各族人民的合法权益，又要坚决依法打击极少数蓄意挑拨民族关系的违法犯罪分子。

第四，加大民族法治体系的监督力度。要坚持以问题为导向，重点针对各族干部群众普遍关心的重点、难点和热点问题，扩大监督内容，拓宽监督覆盖面。既要规范工作程序，创新方式方法，建立各部门各方面协调配合的长效机制，形成合力，确保各项法律规定真正落到实处。

第五，培养民族机关的自治意识和责任意识。其关键在于民族自治地方自治机关能够充分而有效地行使公共权力，履行政府各项职责，合理配置各种资源，为民族地区经济社会发展营造良好的发展空间。既要通过完善民主协商决策机制，妥善处理民族自治地方内部的民族关系，又要增强民族自治地方自治机关的自治意识和自治能力，保障自治权的积极行使。同时，要不断强化上级国家机关的责任意识，保障民族地方自治权的有效行使。

第一章 民族自治州基础现状与研究意义

民族区域自治制度是我国的一项基本政治制度，是中国特色解决民族问题的正确道路的重要内容和制度保障。民族区域自治既保证了国家团结统一，又实现了各民族共同当家作主。实践证明，民族区域自治制度符合我国国情，在维护国家统一、领土完整，在加强民族平等团结、促进民族地区发展、增强中华民族凝聚力等方面都起到了重要作用。民族问题一直是党和国家十分重视的问题，民族自治地方的发展也一直是国民经济、社会发展进步的重要组成部分。中华人民共和国成立以来，尤其是改革开放以来，各民族自治地方在党中央的领导下不断取得经济发展和社会进步巨大成就，为增强中华民族的凝聚力，发挥各族人民当家做主的积极性，发展平等、团结、互助、和谐的民族关系，巩固国家的稳定统一，促进民族自治地方和全国社会主义建设事业的发展，起到了巨大的作用。伴随社会主义现代化建设进程，民族自治地方在坚持民族区域自治的前提下，牢牢抓住西部大开发的政策机遇，贯彻落实科学发展观和以人为本的发展理念，在经济、社会、文化、科技等各方面不断取得了巨大的成就，为推动国民经济发展、维护民族团结、消除区域贫困、提高人均收入等方面起着十分重要的战略意义。民族自治地方的经济社会发展具有重要而深远的政治意义、经济意义和社会意义。因此，关心关注民族自治地方的经济社会发展是全社会共同的责任。

我国民族自治地方分为自治区、自治州、自治县（旗）三个行政级别。我国共有 155 个少数民族自治地方，包括 5 个自治区、30 个自治州、117 个自治县和 3 个自治旗。在评估对象的选择上，5 个自治区属于省级层面，受关注较多且较为宏观，对于其发展水平评估不易把握。而 120 个自治县（旗），分属不同的省域，空间分布上没有很明显的规律性和特征，在课题组现有的力量和资源基础上，收集准确数据难度较大，评估实施起来困难较多。自治州是我国实行民族区域自治政策的重要层级和单位，是我国地方政府重要而特殊的组成部分，是坚持和完善民族区域自治制度的重要载体，也是推动区域协调发展的关键一环，是维护国家安全、边疆稳定的重要基石，是构筑我国生态安全屏障的重要依托，是推动民族团结进步事业的重要基点。目前，全国有30个少数民族自治州，分别位于吉林、湖南、湖北、云南、四川、贵州、甘肃、新疆、青海等9个省（自治区）。其中，云南辖8个，青海辖6个，新疆辖5个，贵州和四川两省各辖3个，甘肃辖2个，吉林、湖北、湖南三省各辖1个。30个自治州基本成立于20世纪50年代，其中有28个自治州成立于1950～1958年，成立最早的是四川省甘孜藏族自治州（1950年），贵州省黔西南布依族苗族自治州和湖北省恩施土家族苗族自治州成立较晚，分别成立于1982年和1983年。除伊犁哈萨克自治州为副省级级别，其他29个州均属地级行政区。除吉林延边朝鲜族自治州、湖南湘西土家族苗族自治州、湖北恩施土家族苗族自治州外，其余27个自治州都位于西部地区，处于西部大开发范围之内，而3个不在西部地区的自治州参照享受西部大开发政策。从我国30个民族自治州地理分布来看，我国民族自治州分布特征主要以省级结合部边界区域为主，集中分布于天山、横断山、昆仑山、祁连山之间的地方，以及武陵山、雪峰山、长白山及其延伸处。空间特征非常明显，经济社会发展共性较多，研究上更有规律性可循。基于主观和客观因素和条件，选择30个自治州为具体研究对象，具有明显的重要性和可行性。

民族自治州从地理区域所属上主要有西北、西南、中部、东北等四类区域。具体来看，临夏、甘南、海北、黄南、海南、果洛、玉树、海西、昌吉、巴音、克孜、博尔塔拉、伊犁等13个自治州位属西北地区，黔东南、黔南、黔西南、西双版纳、文山、红河、德宏、怒江、阿坝、凉山、甘孜、迪庆、大理、楚雄等14个自治州位属西南地区，湘西、恩施两个自治州位属中部地区，延边自治州位属东北地区。30个自治州总面积约227.4万平方千米，约占我国陆地总面积的24%，有10个自治州位于边境，占我国2.2万千米陆地边界线的1/3强。30个自治州中，实行自治的民族有18个，有19个民族与境外同一民族跨境而居，占我国跨境民族总数的一半以上。

“十三五”以来，在国家政策的大力推进下，民族自治州发展迅速。30个自治州GDP由2015年的1.62万亿元增加到2016年的1.74万亿元，增速达到7.4%，高于全国平均水平0.7个百分点；产业结构不断优化，总体呈现出第一产业占比显著下降、第二产业占比稳中有升、第三产业占比明显提高的特点，为全面建成小康社会夯实了基础。

习近平总书记在党的十九大报告中做出中国特色社会主义进入新时代的

时代历史方位判断，建设中国特色社会主义现代化国家新征程的宏伟蓝图已全面开启，我国社会的主要矛盾已经转化为人民日益增长的美好生活需要和不平衡不充分的发展之间的矛盾,这种不平衡和不充分的矛盾在民族地区尤为突出。30个民族自治州约占我国陆地面积的四分之一，有着丰富的森林、农牧业、能源、矿产等资源，但30个民族自治州的GDP尚不及重庆市水平（17 558.76亿元），其土地面积却是重庆市的29倍，人口是重庆市的2倍有余；外贸进出口总额仅达到宁波市水平，约为深圳市的五分之一；党的十八大以来，我国的脱贫攻坚战取得决定性进展，但现有的3000万贫困人口中有近三分之二集中在民族地区，民族地区困难群众多、群众困难多、贫困程度深，脱贫攻坚任务仍然十分艰巨；民族地区具有明显的自然资源比较优势，但发展中面临着自我造血能力不足、区位条件制约明显、交通基础设施建设仍然落后、脱贫攻坚任务异常艰巨、人与自然矛盾依然突出、实现长治久安任重道远等重点难点问题，上述问题在“三区三州”深度贫困地区更为严峻。民族自治州已经成为我国全面建成小康社会决胜阶段的重点和难点，如期达到少数民族和民族地区人民群众的脱贫任务，成为我们党和国家今后几年一定要啃下的一块“硬骨头”。

全面建成小康社会，一个民族都不能少、一个地区都不能少。中央关于全面建成小康社会做出系列新决策新部署，我们要坚决贯彻、奋勇争先，中国特色社会主义进入了新时代，少数民族和民族地区发展迎来了新机遇，民族自治州要紧紧跟上全面建成小康社会的步伐，必须把思想和行动统一到新发展理念上来，实现跨越式发展。对各自治州发展水平进行连续评估，具有十分重要的理论和现实意义。各民族自治州区位环境概况见表1.1。

表1.1　自治州区位环境概况

名称	成立时间	土地面积/万平方千米	首府	所属省份及地理位置
延边朝鲜族自治州	1952-9-3	4.33	延吉市	吉林东部
恩施土家族苗族自治州	1983-8-19	2.4	恩施市	湖北西南部
湘西土家族苗族自治州	1957-9-20	1.55	吉首市	湖南西北部
阿坝藏族羌族自治州	1953-1-1	8.42	马尔康市	四川西北部
甘孜藏族自治州	1950-11-24	15.37	康定市	四川西部
凉山彝族自治州	1952-10-1	6.04	西昌市	四川西南部
黔东南苗族侗族自治州	1956-7- 23	3.03	凯里市	贵州东南部

续表

名称	成立时间	土地面积/万平方千米	首府	所属省份及地理位置
黔南布依族苗族自治州	1956-8-8	2.62	都匀市	贵州中南部
黔西南布依族苗族自治州	1982-5-1	1.68	兴义市	贵州西南部
楚雄彝族自治州	1958-4-15	2.9	楚雄市	云南中北部
西双版纳傣族自治州	1953-1-23	1.958	景洪市	云南西南部
大理白族自治州	1956-11-22	2.95	大理市	云南中西部
红河哈尼族彝族自治州	1957-11-18	3.29	蒙自市	云南南部
文山壮族苗族自治州	1958-4-1	3.15	文山县	云南东南部
德宏傣族景颇族自治州	1953-7-24	1.153	芒市	云南西部
怒江傈僳族自治州	1954-8-23	1.47	泸水县六库镇	云南西北部
迪庆藏族自治州	1957-9-13	2.39	香格里拉市	云南西北部
临夏回族自治州	1956-11-19	0.817	临夏市	甘肃中部西南面
甘南藏族自治州	1953-10-1	4.5	合作市	甘肃西南部
海南藏族自治州	1953-12-6	4.45	共和县	青海东部
海北藏族自治州	1953-12-31	3.47	海盐县	青海东北部
海西蒙古族藏族自治州	1954-1-25	32.58	德令哈市	青海西部
黄南藏族自治州	1953-12-22	1.792	同仁县	青海东南部
果洛藏族自治州	1954-1-1	7.6	玛沁县	青海东南部
玉树藏族自治州	1951-12-25	26.7	玉树市	青海西南部
伊犁哈萨克自治州	1954-11-29	27	伊宁市	新疆西北部
博尔塔拉蒙古自治州	1954-7-13	2.7	博乐市	新疆西北部
昌吉回族自治州	1954-7-8	7.39	昌吉市	新疆中部
巴音郭楞蒙古自治州	1954-6-23	47.15	库尔勒市	新疆东南部
克孜勒苏柯尔克孜自治州	1954-7-14	7.25	阿图什市	新疆西南部

一、民族自治州基础现状

（一）延边朝鲜族自治州

延边朝鲜族自治州简称延边州或延边，成立于1952年9月3日。延边地处吉林省东部，中、俄、朝三国交界面临日本海，位于北纬 41°59′ ~ 北纬 44°30′，东经 127°27′ ~ 东经 131°18′，东与俄罗斯滨海区接壤，南隔图们江与朝鲜咸镜北道、两江道相望，西邻吉林市、白山市，北接黑龙江省牡丹江市。边境线总长 755.2 千米，其中，中朝边境线 522.5 千米，中俄边境线 232.7 千米。

延边自治州辖区面积为 4.33 万平方千米，首府为延吉市，全州辖 6 市 2 县，即延吉市、珲春市、图们市、敦化市、龙井市、和龙市、安图县和汪清县，总面积约占吉林省的四分之一。延边是我国唯一的朝鲜族自治州和最大的朝鲜族聚居地区，2017 年全州户籍总人口为 210.14 万人，其中城镇人口 145.65 万人，占总人口的 69.31%。汉族人口 125.92 万人，占总人口的 59.92%；朝鲜族人口 75.72 万人，占总人口的 36.04%。

2017 年全州实现 GDP 927.58 亿元，比上年增长 3.3%。分产业看，第一产业增加值 69.19 亿元，增长 2.9%；第二产业增加值 424.90 亿元，增长 1.3%；第三产业增加值 433.50 亿元，增长 5.5%。按户籍人口计算，全州人均生产总值达到 43 943 元，比上年增长 4.2%。三次产业增加值结构调整为 7.5 ∶ 45.8 ∶ 46.7，第三产业比重比上年提高 1.0 个百分点，对经济增长的贡献率分别为 7.6%、18.7% 和 73.7%。

（二）恩施土家族苗族自治州

恩施土家族苗族自治州简称恩施州或恩施，成立于 1983 年 8 月 19 日。恩施州位于湖北省西南部，地处鄂、湘、渝三省（市）交汇处，位于北纬 29°07′10″ ~ 北纬 31°24′13″、东经 108°23′12″ ~ 东经 110°38′08″。西临渝黔，北靠神农架，南接潇湘，东连荆楚。

恩施州辖区面积 2.4 万平方千米，下辖恩施、利川两个县级市和建始、巴东、宣恩、咸丰、来凤、鹤峰 6 个县。全州共有 88 个乡、镇、街道办事处。除汉族外，还居住着土家族、苗族、侗族、回族、蒙古族、彝族、纳西族、壮族等 28 个少数民族，是湖北省唯一的少数民族自治州。2017 年末全州总人口 401.36 万人，其中，男性人口 209.34 万人，占总人口的 52.2%；女性人口 192.02 万人，占总人口的 47.8%。年末全州常住人口 336.10 万人，其中城镇常住人口 146.14 万人，占常住人口的比重（常住人口城镇化率）为 43.48%，比上年提高 1.6 个百分点。全年人口出生率为 9.97‰，人口死亡率为 6.48‰，人口自然增长率为 3.49‰。出生总人数 4.23 万人，出生人口性别比（以女性为 100，男性对女性的比例）为 107.86。二孩人数 2.08 万人，二孩率 49.24%。

2017 年全州完成 GDP801.23 亿元，比上年增长 6.2%。其中，第一产业增加值 160.14 亿元，增长 4.2%；第二产业增加值 286.01 亿元，增长 3.5%；第三产业增加值 355.08 亿元，增长 9.5%。三次产业结构比为 20.0 ∶ 35.7 ∶ 44.3。按年均常住人口计算，全州人均 GDP 达到 23892 元，比上年增长 5.7%。

（三）湘西土家族苗族自治州

湘西土家族苗族自治州简称湘西州或湘西，成立于 1957 年 9 月 20 日，隶属湖南省，是湖南省唯一的少数民族自治州。位于湖南省西北部，北纬 27°44.5′ ~ 北纬 29°38′，东经 109°10′ ~ 东经 110°22.5′，地处湘、鄂、黔、渝四省（市）交界处。东邻贵州省铜仁市、重庆市酉阳土家族苗族自治县，南接怀化市麻阳县，西连怀化市沅陵县，北抵张家界市。东西宽约 170 千米，南北长约 240 千米。

湘西土家族苗族自治州下辖 1 个县级市，7 个县，1 个省级经济开发区，湘西州人民政府驻地在吉首市。全州辖区面积 1.55 万平方千米，其中城区面积 556 平方千米，约占湖南省总面积的 7.3%。2017 年末全州总人口 298 万人，其中以土家族、苗族为主的少数民族占约 80%。

2017 年全州 GDP 为 582.64 亿元，较上年增长 7.6%。其中，第一产业增加值 83.8 亿元，增长 3.8%；第二产业增加值 179.4 亿元，增长 5.8%；第三产业增加值 319.4 亿元，增长 9.7%。第一产业、第二产业、第三产业增加值占 GDP 的比重分别为 14.4%、30.8%、54.8%，其中工业增加值占 GDP 比重为 24.3%，第三产业比重较上年提高 1.2 个百分点。第一、第二、第三产业对经济增长贡献率分别为 7.4%、24.4%、68.3%。全州高新技术产业增加值 20 亿元，较上年增长 19.5%。规模以上服务业企业实现营业收入 33.42 亿元，较上年增长 15.8%。按常住人口计算，人均 GDP 为 22 094 元，较上年增长 7.5%。非公有制经济增加值 421.5 亿元，较上年增长 8.3%，占 GDP 比重为 72.3%。

（四）阿坝藏族羌族自治州

阿坝藏族羌族自治州简称阿坝州或阿坝，成立于 1953 年 1 月 1 日，是四川省的一个民族自治州，位于四川省西北部，紧邻成都平原，北部与青海、甘肃省相邻，东南西三面分别与成都、绵阳、德阳、雅安、甘孜等市州接壤，距省会成都很近，具有相对较好的区位优势，主要人口为藏族、汉族和羌族。

阿坝藏族羌族自治州辖1个县级市、12个县，包括马尔康市、金川县、小金县、阿坝县、若尔盖县、红原县、壤塘县、汶川县、理县、茂县、松潘县、九寨沟县和黑水县，辖区面积为8.42万平方千米。2017年末，全州户籍人口915 235人，其中藏族人口537 425人、羌族人口169 395人、汉族人口177 458人、回族人口29 081人，其他民族人口1876人。全州常住人口94.01万人，常住人口城镇化率38.92%。人口出生率8.72‰，人口死亡率3.46‰，人口自然增长率5.26‰。

2017年全州实现GDP 295.16亿元，按可比价计算比上年增长4.0%。其中：第一产业增加值46.44亿元，增长3.2%，对经济增长的贡献率为12.0%，拉动经济增长0.5个百分点；第二产业增加值141.34亿元，增长6.6%，对经济增长的贡献率为80.8%，拉动经济增长3.2个百分点；第三产业增加值107.38亿元，增长0.8%，对经济增长的贡献率为7.2%，拉动经济增长0.3个百分点。人均GDP 31 487元，增长3.5%。三次产业结构由上年的15.7 ∶ 47.2 ∶ 37.1调整为15.7 ∶ 47.9 ∶ 36.4，第二产业比上年提高0.7个百分点，第三产业比上年减少0.7个百分点，第一产业与上年持平。

（五）甘孜藏族自治州

甘孜藏族自治州简称甘孜州或甘孜，成立于1950年11月24日。位于四川省西部，康藏高原东南，地处中国最高一级阶梯向第二级阶梯云贵高原和四川盆地过渡地带，属横断山系北段川西高山高原区，青藏高原的一部分，介于北纬27°58′～北纬34°20′、东经97°22′～东经102°29′，是四川盆地西缘山地向青藏高原过渡的地带。它东邻阿坝藏族羌族自治州和雅安市，南接凉山彝族自治州和云南迪庆藏族自治州，西沿金沙江与西藏自治区的昌都市相邻，北与青海省玉树藏族自治州和果洛藏族自治州接壤，全州行政面积15.37万平方千米。

甘孜州辖康定、泸定、丹巴、九龙、雅江、道孚、炉霍、甘孜、新龙、德格、白玉、石渠、色达、理塘、巴塘、乡城、稻城和得荣18个县（市），325个乡（镇），2679个行政村。州府驻康定市，是全州的政治、经济和文化中心，因一曲《康定情歌》而名扬海内外，被誉为情歌的故乡。全州境内有彝族、藏族、羌族、苗族、回族、蒙古族、土家族、傈僳族、满族、瑶族、侗族、纳西族、布依族、白族、壮族、傣族等25个民族，总人口90万人。其中，藏族人口占 78.4%，各族群众以大范围聚居小范围杂居形式分布于全州。

2017 年全州实现 GDP261.5 亿元，较上年增长 9.1%。其中，第一产业增加值 61.29 亿元，增长 4.4%；第二产业增加值 103.82 亿元，增长 16.1%；第三产业增加值96.39亿元，增长5.3%。三次产业分别拉动GDP增长分别为1.1个、5.9 个和 2.1 个百分点；三次产业增加值占 GDP 的比重分别为 23.4%、39.7% 和 36.9%。人均 GDP 达到 22 097 元，较上年增加 2494 元，增长 8.1%。

（六）凉山彝族自治州

凉山彝族自治州简称凉山州或凉山，成立于 1952 年 10 月，位于四川省西南部川滇交界处，北起大渡河与雅安市、甘孜州接壤，南至金沙江与云南省相望，东临云南省昭通市和四川省宜宾市、乐山市，西连甘孜州，地处北纬 26°03′ ~ 北纬 29°18′，东经 100°03′ ~ 东经 103°52′，是全国最大的彝族聚居区、四川民族类别和少数民族人口最多的地区，自古就是通往祖国西南边陲的重要通道，古“南方丝绸之路”必经之地。

凉山彝族自治州幅员 6.04 万平方千米，辖 1 个县级市、15 个县、1 个自治县。凉山州辖西昌、德昌、会理、会东、宁南、普格、布拖、昭觉、金阳、雷波、美姑、甘洛、越西、喜德、冕宁、盐源和木里藏族自治县共 17 个县（市）。州府所在地西昌市，海拔 1510 米，冬暖夏凉，四季如春，天空洁净清朗，月亮晶莹皎洁，素有“月城”之称，是一座春天栖息的城市，也是举世闻名的中国航天城。凉山州境内居住着彝、汉、藏、回、苗、蒙古、傈僳、傣、纳西、布依、壮、白、满、土家等 14 个世居民族，是全国最大的彝族聚居区，是四川省民族类别最多、少数民族人口最多的地区，木里县是全国仅有的两个藏族自治县之一。2017 年末全州户籍人口 521.29 万人，较上年增长 1.71%。其中：彝族人口为 275.73 万人，占总人口的 52.89%。

2017 年全州 GDP 达到 1480.91 亿元，较上年增长 5.3%。其中：第一产业增加值 296.52 亿元，较上年增长 3.8%，对经济增长的贡献率为 14.5%；第二产业增加值 621.88 亿元，较上年增长 5.0%，对经济增长的贡献率为 39.1%；第三产业增加值 562.51 亿元，较上年增长 6.5%，对经济增长的贡献率为 46.4%。人均 GDP 为 30 669 元，较上年增长 3.7%。三次产业比重为 20.0 ：42.0 ：38.0。

（七）黔东南苗族侗族自治州

黔东南苗族侗族自治州简称黔东南州或黔东南，成立于1956年7月23日，位于贵州省东南部，地跨北纬25°19′20″～北纬27°31′40″，东经107°17′20″～东经109°35′24″。东与湖南省怀化地区毗邻，南和广西壮族自治区柳州、河池地区接壤，西连黔南布依族苗族自治州，北抵遵义、铜仁两市。全境东西宽约220千米，南北长约240千米，西距省会贵阳160余千米。总面积约3.03万平方千米，约占贵州省全省总面积的17.2%。地势西高东低，自西部向北、东、南三面倾斜，海拔最高2178米，最低137米，历有“九山半水半分田”之说。

全州辖凯里1市和麻江、丹寨、黄平、施秉、镇远、岑巩、三穗、天柱、锦屏、黎平、从江、榕江、雷山、台江和剑河15县，凯里及炉碧、金钟、洛贯、黔东、台江、三穗、岑巩、锦屏、黎平10个省级经济开发区。有7个街道，94个镇，110个乡（其中17个民族乡）。境内居住着苗、侗、汉、布依、水、瑶、壮、土家等33个民族。2017年末常住人口352.37万人，户籍人口475.99万人，其中城镇人口137.41万人，占总户籍人口比例为28.9%。常住人口中少数民族人口占总户籍人口的80.3%，其中苗族人口占42.5%，侗族人口占29.5%。

2017年全州GDP972.18亿元，较上年增长5.2%。分产业看，第一产业增加值195.87亿元，较上年增长6.4%；第二产业增加值224.11亿元，较上年下降0.8%；第三产业增加值552.20亿元，较上年增长8.1%。第一、第二、第三次产业增加值占地区生产总值的比例为20.1%、23.1%和56.8%。在三次产业中，第一、第二、第三次产业对经济增长的贡献率分别为22.2%、–4.2%和82.0%。2017年人均GDP27 654元，较上年增长4.7%。

（八）黔南布依族苗族自治州

黔南布依族苗族自治州简称黔南州或黔南，成立于1956年8月8日，位于贵州省中南部，东与黔东南州相连，南与广西壮族自治区毗邻，西与安顺市、黔西南州接壤，北靠省会贵阳市。南北长249.5千米，东西宽207.6千米，是多民族聚居地。

全州辖2个县级市、9个县、1个自治县，即都匀市、福泉市、荔波县、贵定县、瓮安县、独山县、平塘县、罗甸县、长顺县、龙里县、惠水县和三都水族自治县，州府所在地为都匀市。州内交通路网发达，区位优势明显。全州辖区面积约 2.62 万平方千米，居住着布依、苗、汉、水、侗、瑶、回、彝、壮、土家、仡佬等 37 个民族。2017 年末全州总人口 417 万，其中少数民族人口占总人口数的 59.05%。

2017 年全州 GDP 为 1160.59 亿元，较上年增长 12.1%。分产业看，第一产业增加值 202.30 亿元，较上年增长 6.6%；第二产业增加值 412.91 亿元，较上年增长 11.5%；第三产业增加值 545.38 亿元，较上年增长 14.5%。其中，其他服务业增长 20.7%、金融业增长 14.4%、住宿和餐饮业增长 10.6%。2017 年人均 GDP35 481 元，同比增长 11.4%。

（九）黔西南布依族苗族自治州

黔西南布依族苗族自治州简称黔西南州或黔西南，成立于 1982 年 5 月 1 日，位于贵州省西南部，珠江上游，北纬 24°38′ ~ 北纬 26°11′，东经 104°35′ ~ 东经 106°32′，东西长约 210 千米，南北宽约 177 千米。东与黔南布依族苗族自治州罗甸县接壤，南与广西隆林、田林、乐业 3 个县隔江相望，西与云南省富源、罗平县和六盘水市盘州市毗邻。

全州辖 2 市 6 县，即兴义市、兴仁市、安龙县、贞丰县、普安县、晴隆县、册亨县、望谟县。州内居住着汉、布依、苗、彝、回等 35 个民族，2017 年末常住总人口 283.82 万人，户籍人口 357.63 万人，其中汉族人口占总人口数的 60.3%，各少数民族人口占总人口数的 39.7%。

2017 年全州 GDP 突破 1000 亿元，为 1067.6 亿元，较上年增长 12.5%。第一、第二、第三产业增加值占 GDP 的比例分别为 19.12%、31.91%、48.97%。全州人均 GDP 为 37 471 元，较上年增长 11.8%。

（十）楚雄彝族自治州

楚雄彝族自治州简称楚雄州或楚雄，成立于 1958 年 4 月 15 日，属于云南省下辖的自治州之一，地处云南省中部偏北，地跨东经 100°43′ ~ 102°30′，北纬 24°13′ ~ 26°30′，属云贵高原西部，滇中高原的主体部位。东靠昆明市，西接大理白族自治州，南连普洱市和玉溪市，北临四川省攀枝花市和凉山彝族自治州，西北隔金沙江与丽江市相望。

楚雄州设九县一市，即楚雄市、双柏县、牟定县、南华县、姚安县、大姚县、永仁县、元谋县、武定县、禄丰县。州人民政府驻楚雄市；全州行政区域总面积为 2.9 万平方千米。2017 年末全州常住人口 273.90 万人，总户籍人口 2 636 779 人，其中乡村人口 1 885 044 人，城镇人口 751 735 人。在总人口中，少数民族人口 945 470 人，占总人口的 35.9%；其中彝族人口 762 446 人，占总人口的 28.9%，占少数民族人口的 80.6%。万人以上少数民族有彝族（762 446 人）、傈僳族（58 119 人）、苗族（47 612 人）、傣族（23 560 人）、回族（21 603 人）和白族（17 900 人）。

2017 年全州实现 GDP937.37 亿元，按可比价计算，较上年增长 10.8%。其中：第一产业增加值 171.02 亿元，较上年增长 6.3%，拉动经济增长 1.2 个百分点；第二产业增加值 366.11 亿元，较上年增长 13.1%，拉动经济增长 5.2 个百分点；第三产业增加值 400.24 亿元，较上年增长 10.6%，拉动经济增长 4.4 个百分点。第一、第二、第三产业对 GDP 增长的贡献率分别为 11.1%、47.9% 和 41.0%。第一、第二、第三产业增加值占 GDP 的比重分别为 18.2%、39.1%、42.7%。全州人均 GDP 达 34 192 元，较上年增长 10.5%。非公有制经济增加值 432.33 亿元，占 GDP 的比例为 46.1%。

（十一）红河哈尼族彝族自治州

红河哈尼族彝族自治州简称红河州或红河，成立于 1957 年 11 月 18 日，位于中国云南省南部，地跨北纬 22°26′ ~ 北纬 24°45′，东经 101°47′ ~ 东经 104°16′，东西最大横距 254.2 千米，南北最大纵距 221 千米。北连昆明，东接文山，西邻玉溪，南与越南社会主义共和国接壤，北回归线横贯东西。

红河州辖区面积 3.293 万平方千米，下辖 4 市 9 县，分别为蒙自市、个旧市、开远市、弥勒市、建水县、石屏县、泸西县、元阳县、红河县、绿春县、金平苗族瑶族傣族自治县、屏边苗族自治县、河口瑶族自治县。红河州民族众多，除汉族外，境内还居住有哈尼、彝、苗、傣、壮、瑶、回、布依、拉祜、布朗（莽人）等 10 个世居民族，少数民族人口占全州总人口的 60%，是全国唯一以哈尼族、彝族为主体民族的自治州。2017 年末全州常住人口 465 万人，户籍总人口 454.58 万人，其中城镇人口 143.82 万人，乡村人口 310.75 万人。主体民族中哈尼族有 84.96 万人、彝族有 112.55 万人，分别占总人口的 18.69%、24.76%。人口超过 10 万人的少数民族有彝族、哈尼族、苗族、傣族、壮族。

2017 年全州实现 GDP1478.6 亿元，较上年增长 10.8%。其中，第一产业增加值 225.03 亿元，较上年增长 6.2%；第二产业增加值 687.94 亿元，较上年增长 13.5%；第三产业增加值 565.6 亿元，较上年增长 9.3%。

（十二）文山壮族苗族自治州

文山壮族苗族自治州简称文山州或文山，成立于 1958 年 4 月 1 日，是云南省下辖的民族自治州，位于中国西南边陲的云南省东南部，东与广西百色市接壤，南与越南社会主义共和国接界，西与红河哈尼族彝族自治州毗邻，北与曲靖市相连。地跨北纬 22°40′ ~ 北纬 24°48′，东经 103°35′ ~ 东经 106°12′。东西横距 255 千米，南北纵距 190 千米。

文山州下辖面积 3.15 万平方千米，国境线长 438 千米。下辖 1 个县级市和 7 个县，即文山市、砚山县、西畴县、麻栗坡县、马关县、丘北县、广南县、富宁县。州府文山市距省会昆明 356 千米，州政府驻文山市。2017 年末全州常住人口 363.6 万人，其中乡村人口 215.21 万人，占总人口比例为 59.19%。城镇人口 148.39 万人，人口城镇化率 40.81%。文山州居住着汉、壮、苗、彝、瑶、回、傣、布依、蒙古、白等 20 多个民族，人口密度为每平方千米 115 人，其中少数民族人口 210.9 万人，占总人口比例为 58.0%。

2017 年全州实现 GDP8 091 055 万元，较上年增长 10.0%。其中：第一产业增加值 1 630 340 万元，较上年增长 6.0%。第二产业增加值 2 916 680 万元，较上年增长 11.9%；其中工业增加值 1 822 080 万元，较上年增长 13.4%；建筑业增加值 1 101 935 万元，较上年增长 8.9%。第三产业增加值 3 544 035 万元，较上年增长 10.3%。全州三次产业比例由上年的 21.1 ∶ 35.8 ∶ 43.1 调整为 20.2 ∶ 36.0 ∶ 43.8。人均 GDP 由上年的 20 402 元提高到 22 299 元，较上年增长 9.5%。非公经济蓬勃发展，创造增加值 4 157 883 万元，较上年增长 10.2%，占全州 GDP 的比例为 51.4%。

（十三）西双版纳傣族自治州

西双版纳傣族自治州简称西双版纳州或西双版纳，成立于 1953 年 1 月 23 日，位于云南省最南端，是云南省辖下的一个少数民族自治州。地处北纬 21°10′ ~ 北纬 22°40′，东经 99°55′ ~ 东经 101°50′，属北回归线以南的热带湿润区。东西面与江城县、普洱市相连；西北面与澜沧县为邻；东南部、南部和西南部分别与老挝、缅甸山水相连，邻近泰国和越南，与泰国的直线距离仅 200 余千米。东距太平洋的北部湾 400 多千米，西距印度洋的孟加拉湾 600 余千米。边界线长达 966.3 千米，约占云南省边境线总长的四分之一。

西双版纳辖 1 个县级市、2 个县，即景洪市、勐海县、勐腊县，州政府驻景洪市。全州辖区总面积 1.958 万平方千米。2017 年末常住人口 118.0 万人，其中城镇常住人口 55.28 万人；户籍人口 100.02 万人，其中乡村人口 60.38 万人；少数民族人口 77.87 万人，占户籍总人口的比例为 77.9%。

2017 年全州 GDP 为 3 938 437 万元，较上年增长 8.7%。其中，第一产业增加值 968 034 万元，较上年增长 5.9%；第二产业增加值 1 066 273 万元，较上年增长 6.4%；第三产业增加值 1 904 130 万元，较上年增长 11.4%。第一产业增加值占 GDP 的比例为 24.6%，第二产业增加值占比为 27.1%，第三产业增加值占比为 48.3%。人均 GDP 为 33 490 元，较上年增长 7.9%。

（十四）大理白族自治州

大理白族自治州简称大理州或大理，成立于 1956 年 11 月 22 日，地处云南省中部偏西，海拔 2090 米，东邻楚雄州，南靠普洱市、临沧市，西与保山市、怒江州相连，北接丽江市。地跨北纬 24°41′ ~ 北纬 26°42′，东经 98°52′ ~ 东经 101°03′，国土总面积约 2.95 万平方千米，四季温差不大，干湿季分明，以低纬高原季风气候为主，境内以蝴蝶泉、苍山、洱海、大理古城、崇圣寺三塔等景点最有代表性。

大理州辖大理市和祥云、弥渡、宾川、永平、云龙、洱源、鹤庆、剑川及漾濞彝族自治县、巍山彝族自治县和南涧彝族自治县，是中国西南边疆开发较早的地区之一。2017 年末全州户籍总人口 361.88 万人，其中少数民族人口 188.75 万人，占总人口的 52.16%。在少数民族人口中白族人口有 123.33 万，占总人口的 34.08%。

2017 年全州 GDP 为 1066.5 亿元，较上年增长 9.7%。分产业看，第一产业增加值 214.95 亿元，较上年增长 6.0%；第二产业增加值 409.6 亿元，较上年增长 10.4%；第三产业增加值 441.96 亿元，较上年增长 10.8%。三次产业结构由上年的 21.1 ∶ 38.2 ∶ 40.7 调整为 20.2 ∶ 38.4 ∶ 41.4。全州人均 GDP 达到 29 846 元，较上年增长 9.1%。非公有制经济实现增加值 509.27 亿元，较上年增长 10.3%，占全州 GDP 的 47.7%。

（十五）德宏傣族景颇族自治州

德宏傣族景颇族自治州简称德宏州或德宏，成立于 1953 年 7 月 24 日，是云南省下属的地级行政区，位于云南省西部，地处我国西南边陲，是著名的孔雀之乡。地跨北纬23°50′～北纬25°20′，东经97°31′～东经98°43′，是云南省8个少数民族自治州之一。东和东北与保山市的龙陵、腾冲相邻，南、西和西北三面与缅甸联邦接壤，全州除梁河县外其他县市都有国境线，国境线长达503.8千米。

德宏傣族景颇族自治州辖区面积1.153万平方千米，全州东西最大横距为122千米，南北最大纵距为170千米，城镇规划面积为14平方千米。辖芒市、瑞丽市、梁河县、盈江县、陇川县，州政府驻芒市。2017年末全州常住人口为130.90万人，全州人口密度每平方千米117.2人。州内有彝族、白族、傣族、壮族、苗族、回族、傈僳族、拉祜族、佤族、纳西族、瑶族、藏族、景颇族、布朗族、布依族、阿昌族、哈尼族、锡伯族、普米族、蒙古族、怒族、基诺族、德昂族、水族、满族、独龙族等民族分布，少数民族人口占全州总人口的比例为52%。

2017年全州实现GDP356.97亿元，较上年增长10.7%。其中，第一产业实现增加值81.87亿元，较上年增长6.1%，拉动GDP增长1.5个百分点；第二产业实现增加值89.19亿元，较上年增长11.8%，拉动GDP增长3.0个百分点；第三产业实现增加值185.91亿元，较上年增长12.3%，拉动GDP增长6.2个百分点。第一、第二、第三产业对总体经济贡献率分别为13.9%、27.9%、58.2%，三次产业结构由上年的24.3 ∶ 24.6 ∶ 51.1变为22.9 ∶ 25 ∶ 52.1。人均GDP达27 427元，较上年增加2277元，增长9.4%。非公有制经济创造增加值166.52亿元，占全州GDP的比例为46.6%。

（十六）怒江傈僳族自治州

怒江傈僳族自治州简称怒江州或怒江，成立于1954年8月23日，位于云南省西北部，怒江中游，因怒江由北向南纵贯全境而得名。地跨北纬25°33′ ~ 北纬28°23′，东经98°09′ ~ 东经99°39′。东连迪庆藏族自治州、大理白族自治州、丽江市，西邻缅甸，南接保山地区，北靠西藏自治区林芝市察隅县，境内国境线长449.467千米。

怒江州南北最大纵距320.4千米，东西最大横距153千米，总面积1.47万平方千米。辖1个县级市、1个县、2个自治县，即泸水市、福贡县、贡山独龙族怒族自治县、兰坪白族普米族自治县。州政府驻泸水市六库镇。2017年末全州常住总人口达到54.7万人，州内居住有傈僳族、白族、普米族、纳西族、独龙族、怒族、藏族、彝族等少数民族，少数民族人口占总人口比例为87.65%。

2017 年全州 GDP 为 141.5 亿元，较上年增长 10.9%，比全省（9.5%）高 1.4 个百分点。其中，第一产业增加值 20.86 亿元，较上年增长 5.4%，贡献率为 7.87%，拉动 GDP 增长 0.86 个百分点；第二产业增加值 43.25 亿元，较上年增长 12.7%，贡献率为 36.23%，拉动 GDP 增长 3.95 个百分点；第三产业增加值 77.39 亿元，较上年增长 11.4%，贡献率为 55.90%，拉动 GDP 增长 6.09 个百分点。全州三次产业比重为 14.74 ∶ 30.57 ∶ 54.69。其中，全部工业增加值完成 23.82 亿元，较上年增长 9.9%，贡献率为 17.02%，拉动 GDP 增长 1.86 个百分点；建筑业增加值完成 19.44 亿元，较上年增长 16.7%，比全省（11.5%）高 5.2 个百分点，贡献率为 19.22%，拉动 GDP 增长 2.09 个百分点。非公经济蓬勃发展，创造增加值 56.87 亿元，按可比价格计算，较上年增长 10.8%，占全州 GDP 比例的 40.2%。按常住人口计算的人均 GDP 由上年的 23 289 元提高到 25 940 元，增长 10.4%。

（十七）迪庆藏族自治州

迪庆藏族自治州简称迪庆州或迪庆，成立于 1957 年 9 月 13 日。“迪庆”藏语意为“吉祥如意的地方”，是云南省唯一的藏族自治州，位于云南省西北部，滇、藏、川三省区交界处，西北接西藏自治区，东临四川省，东南与丽江市毗邻，西与怒江傈僳族自治州接壤。辖区境内有青藏高原伸延部分南北纵向排列的横断山脉，金沙江、澜沧江、怒江三江并流国家级风景名胜区，澜沧江和金沙江自北向南贯穿全境。

迪庆藏族自治州管理 1 个县（德钦县）、1 个自治县（维西傈僳族自治县），代管 1 个县级市（香格里拉市），州府所在地为香格里拉市。2017 年末总人口 37.2 万人，其中少数民族人口占总人口的 83.56%，境内有藏、傈僳、纳西、汉、白、回、彝、苗、普米等民族。其中藏族人口 13 万余人，约占总人口的 33%；傈僳族人口 10 万余人，约占总人口的 29%。

2017 年全州累计完成 GDP1 986 517 万元，按可比价计算，较上年增长 11%。其中，第一产业完成增加值 120 071 万元，较上年增长 5.9%；第二产业完成增加值 759 851 万元，较上年增长 14%；第三产业完成增加值 1 106 595 万元，较上年增长 9.6%。全年完成非公经济增加值 924 117 万元，占地区生产总值的 46.5%。按总人口计算的人均 GDP 为 48 334 元（总人口为年平均人口），比上年增加 5087 元，按可比价计算，较上年增长 10.5%。第一、第二、第三产业占 GDP 的比例由上年的 6.5 ∶ 36.2 ∶ 57.3 调整为 6 ∶ 38.3 ∶ 55.7。第一产业比例较上年降低 0.5 个百分点，第二产业比例较上年提升 2.1 个百分点，第三产业比例较上年降低 1.6 个百分点。

（十八）临夏回族自治州

临夏回族自治州简称临夏州或临夏，成立于 1956 年 11 月 19 日，是我国两大回族自治州之一。临夏州位于黄河上游，在甘肃省中部西南面，地跨北纬 34°57′ ~ 北纬 36°12′，东经 102°41′ ~ 东经 103°40′。东临洮河与定西市相望，西倚积石山与青海省毗邻， 南靠太子山与甘南藏族自治州搭界，北濒湟水与兰州市接壤。

临夏回族自治州国土面积 0.817 万平方千米，辖 1 个县级市、5 个县、2 个自治县，即临夏市、临夏县、永靖县、广河县、和政县、康乐县、东乡族自治县和积石山保安族东乡族撒拉族自治县。2017 年末全州总人口有 220 万人，境内有回、汉、东乡、保安、撒拉、土、藏等 31 个民族，少数民族人口占总人口的 59.2%。其中，东乡族和保安族是以临夏为主要聚居区的两个少数民族。

2017 年全州实现 GDP238.84 亿元，较上年增长 3.7%。其中，第一产业增加值 38.89 亿元，较上年增长 4.6%；第二产业增加值 43.18 亿元，较上年增长 0.3%；第三产业增加值 156.77 亿元，较上年增长 4.7%。第三产业中交通运输、仓储和邮政业增加值 3.28 亿元，较上年增长 5.3%；批发和零售业增加值 19.32 亿元，较上年增长 5.3%；住宿和餐饮业增加值 11.98 亿元，较上年增长 6.8%；金融保险业增加值 16.42 亿元，较上年增长 1.6%；房地产业增加值 9.53 亿元，较上年下降 7.3%。第一、第二、第三产业增加值占 GDP 的比重由 2016 年的 16.7%、20.1%、63.2% 调整为 2017 年的 16.3%、18.1%、65.6%；与上年相比，第三产业所占比重提高 2.4 个百分点。

（十九）甘南藏族自治州

甘南藏族自治州简称甘南州或甘南，成立于 1953 年 10 月 1 日，是中国十个藏族自治州之一，位于中国甘肃省西南部。地跨北纬 33°06′ ~ 北纬 36°10′，东经 100°46′ ~ 东经 104°44′。甘南藏族自治州位于长江、黄河上游，东与定西、陇南地区毗邻，南与四川阿坝藏族羌族自治州接壤，西与青海省果洛、黄南州相连，北靠临夏回族自治州，地处青藏高原东北边缘与黄土高原西部过渡地段。

甘南藏族自治州辖区总面积 4.5 万平方千米，下辖合作和临潭、卓尼、迭部、舟曲、夏河、玛曲、碌曲七县一市。2017 年末全州总人口 74.23 万人，较上年末增加 0.54 万人。其中，藏族人口 41.51 万人，较上年增加 0.42 万人。全州常住人口 71.62 万人，较上年增加 0.60 万人。其中，城镇人口 24.36 万人，较上年增加 1.63 万人。城镇化率 34.01%，较上年提高 2 个百分点。人口自然增长率 7.92‰，较上年上升 0.01 个千分点；人口出生率 15.13‰，较上年上升 0.02 个千分点；人口死亡率 7.21‰，较上年上升 0.01 个千分点。0 ~ 14 岁人口 14.82 万人，占全部人口的 20.7%；15 ~ 64 岁人口 50.45 万人，占全部人口的 70.4%；65 岁及以上人口 6.35 万人，占全部人口的 8.9%。

2017 年全州实现 GDP136.59 亿元，按不变价格计算，较上年增长 0.3%。其中，第一产业增加值 30.35 亿元，较上年增长 4.0%；第二产业增加值 19.47 亿元，较上年增长 1.9%；第三产业增加值 86.77 亿元，较上年下降 1.5%。按常住人口计算，全州人均 GDP 为 19 152 元，较上年下降 0.5%。三次产业结构比由 2016 年的 21.42 ： 16.07 ： 62.51 调整为 22.22 ： 14.25 ： 63.53，第一产业比例上升 0.80 个百分点，第二产业比例降低 1.82 个百分点，第三产业比例上升 1.02 个百分点。

（二十）海南藏族自治州

海南藏族自治州简称海南州或海南，成立于 1953 年 12 月 6 日，是青海省下辖的一个自治州，位于青海省东部，地跨北纬 34°38′ ~ 北纬 37°10′，东经 98°55′ ~ 东经 105°50′。东与海东市和黄南藏族自治州毗连，西与海西蒙古族藏族自治州接壤，南与果洛藏族自治州为邻，北隔青海湖与海北藏族自治州相望，东西宽约 260 千米，南北长约 270 千米。海南州位于著名的青海湖之南，故名海南，是青藏高原的东门户，素有“海藏通衢”之称。

海南州辖区总面积 4.6 万平方千米，辖共和、贵德、贵南、同德、兴海 5 县和龙羊峡行委，共有 41 个乡镇，自治州政府驻共和县。2017 年末全州常住人口 47.24 万人，其中汉族人口占 24.84%；少数民族人口占 57.16%。在少数民族人口中藏族占 66.13%，回族占 6.84%，土族占 0.90%，撒拉族占 0.24%，蒙古族占 0.70%，其他少数民族占 0.17%。

2017 年全州完成 GDP145.82 亿元，按可比价格计算，较上年下降 1.4%。分产业看，第一产业增加值 34.62 亿元，较上年增长 5.1%；第二产业增加值 66.10 亿元，较上年下降 6.1%；第三产业增加值 45.10 亿元，较上年增长 2.0%。三次产业结构比为 23.8 ： 45.3 ： 30.9。人均 GDP 为 30 999 元，较上年下降 2.3%。

（二十一）海北藏族自治州

海北藏族自治州简称海北州或海北，成立于1953年12月31日，位于青海省东北部，地跨北纬36°44′00″～北纬39°05′18″，东经98°5′00″～东经102°41′03″。全州东西长413.45千米，南北宽261.41千米。东南与大通、互助、湟中、湟源县接壤；西与海西蒙古族藏族自治州的天峻县毗连；南与海南藏族自治州的共和县隔青海湖相望；北与甘肃省的天祝、山丹、民乐、肃南县为邻。

海北州辖区总面积3.47万平方千米，占青海省总面积的4.71%，辖海晏县、祁连县、刚察县和门源回族自治县。2017年末全州户籍人口29.68万人，境内居住有25个民族，总人口在8000人以上的民族有：汉族，占总人口的33.65%；回族，占总人口的32.49%；藏族，占总人口的24.87%；蒙古族，占总人口的5.32%；土族，占总人口的3.06%；其他民族，占总人口的0.61%。

2017年全州GDP为82.91亿元，按可比价计算，较上年下降20.3%。其中，第一产业增加值19.81亿元，较上年增长5.2%；第二产业增加值23.83亿元，较上年下降45.5%；第三产业增加值39.28亿元，较上年下降1.6%。常住人口人均地区生产总值29 391元，较上年下降20.9%。三次产业结构比由上年17.7 ∶ 44.1 ∶ 38.2调整为23.9 ∶ 28.7 ∶ 47.4。

（二十二）海西蒙古族藏族自治州

海西蒙古族藏族自治州简称海西州或海西，成立于1954年1月25日，是青海省下辖的一个自治州。位于青藏高原北部，青海省的西部。北邻甘肃省酒泉市，西接新疆巴音郭楞蒙古自治州，南与本省玉树、果洛相连，东与本省海北、海南州相毗邻，地跨北纬35°001′～北纬39°020′，东经90°006′～东经99°042′，东西长约837千米，南北宽约486千米，是青、甘、新、藏四省区交往的中心地带，也是进出西藏的重要通道，由于位于青海湖以西而得名。

海西州辖区总面积32.58万平方千米，占青海省土地总面积的45.17%，现辖德令哈、格尔木两市，都兰、乌兰、天峻三县和大柴旦、冷湖、茫崖三个县级行政委员会，自治州首府位于德令哈市。2017年末全州常住人口51.52万人，较上年末增长0.5%。按城乡划分，城镇人口37.1万人，约占总人口的比例（常住人口城镇化率）为72%，比上年末提高1.5个百分点；乡村人口14.42万人，约占总人口比例的28%，较上年下降2%。户籍人口40.57万人，较上年增长0.3%。户籍人口中，城镇人口28万人，较上年增长0.1%；乡村人口12.57万人，较上年增长 0.8%。男性人口 20.59 万人，较上年增长 0.04%；女性人口 19.98 万人，较上年增长 0.7%。汉族人口 27.28 万人，较上年下降 0.3%；少数民族人口 13.28 万人，较上年增长 1.7%。其中，蒙古族人口 2.72 万人，较上年增长 0.3%；藏族人口 5.32 万人，较上年增长 1.2%。户籍人口出生率 13.32‰，较上年上升 0.49 个千分点；死亡率 6.85‰，较上年上升 1.23 个千分点；人口自然增长率 6.47‰，较上年下降 0.74 个千分点。

2017 年全州 GDP 达 526.19 亿元，按可比价计算，较上年增长 9.5%。其中，第一产业增加值 29.46 亿元，较上年增长 10.8%；第二产业增加值 349.66 亿元，较上年增长 9.1%；第三产业增加值 147.07 亿元，较上年增长 10.1%。三次产业对 GDP 的贡献率分别为 7.1%、63.8% 和 29.1%，拉动经济增长 0.7、6 和 2.8 个百分点。三次产业结构由上年的 5.8 ∶ 67.1 ∶ 27.1 转变为 5.6 ∶ 66.4 ∶ 28。人均 GDP 达 102 391 元，较上年增长 8.9%。

（二十三）黄南藏族自治州

黄南藏族自治州简称黄南州或黄南，成立于 1953 年 12 月 22 日，地处九曲黄河第一弯，东南与甘肃省甘南藏族自治州夏河县、碌曲县、玛曲县和本省果洛州玛沁县为邻，西北与本省海南州同德县、贵德县和海东市的化隆、循化县接壤。

黄南州辖区总面积 1.792 万平方千米，下辖同仁县、尖扎县、泽库县、河南蒙古族自治县，自治州政府驻同仁县。2017 年末全州总人口为 274 204 人。其中，汉族人口为 15 617 人，约占总人口的 6.16%，少数民族人口约占总人口的 93.84%。在少数民族人口中，藏族占 68.55%，回族占 6.52%，土族占 3.91%，撒拉族占 0.66%，蒙古族占 13.98%，其他少数民族占 0.3%。

2017 年全州 GDP 为 79.01 亿元，按可比价格计算，较上年增长 3.3%。其中，第一产业增加值 20.35 亿元，较上年增长 5%；第二产业增加值 26.64 亿元，较上年增长 2.1%；第三产业增加值 32.02 亿元，较上年增长 3.3%。三次产业结构由上年的 26.4 ∶ 33.7 ∶ 39.9 调整为 25.8 ∶ 33.7 ∶ 40.5。分产业贡献率看，第一、第二、第三产业对 GDP 为的贡献率分别为 40.9%、21.6%、37.5%，拉动 GDP 为增长 1.4、0.7、1.2 个百分点。

（二十四）果洛藏族自治州

果洛藏族自治州简称果洛州或果洛，成立于 1954 年 1 月 1 日，是青海省下辖的一个自治州，地处青藏高原腹地，黄河源头，位于青海省的东南部。地跨北纬 32°31′～北纬 35°40′，东经 97°54′～东经 101°50′，东临甘肃省甘南藏族自治州，南接四川省阿坝藏族羌族自治州和甘孜藏族自治州，西与青海省玉树藏族自治州毗连，北与海西州、海南州、黄南州相依。

果洛州辖区总面积 7.6 万多平方千米，约占青海省土地总面积的 10%，辖玛沁、班玛、甘德、达日、久治、玛多 6 个县，自治州政府驻玛沁县。2016 年全州总人口 194 156 人，其中藏族人口 178 371 人，约占总人口的 92%；农牧业人口 148 173 人，约占总人口的 76%。全州有藏、汉、土族、撒拉族等民族，藏族人口约占 92%。

2017 年全州实现 GDP372 690 万元，同上年相比下降 2.6%。其中，第一产业完成增加值 66 473 万元，较上年增长 5.1%；第二产业完成增加值 122 813 万元，较上年下降 13.5%; 第三产业完成增加值 183 404 万元，较上年增长 3.1%。全州人均地区生产总值 18 459 元，较上年下降 4.2%。从三次产业结构看: 第一、第三产业比重提高，第二产业比重下降。第一产业占 GDP 的比例为 17.84%，较上年提高 0.71 个百分点；第二产业比重为 32.95%，较上年降低 2.06 个百分点；第三产业比重为 49.21%，较上年提高 1.35 个百分点。三次产业比由上年的 17.13 ∶ 35.01 ∶ 47.86 转变为 17.84 ∶ 32.95 ∶ 49.21。

（二十五）玉树藏族自治州

玉树藏族自治州简称玉树州或玉树，成立于 1951 年 12 月 25 日，藏语意为“遗址”，是青海省第一个、全国第二个成立的少数民族自治州，也是全国 30 个少数民族自治州中主体民族比例最高、海拔最高、人均占有面积最大、生态位置最重要的一个自治州。玉树州位于青海省西南青藏高原腹地的三江源头，平均海拔在 4200 米以上。该州介于北纬 31°45′～北纬 36°10′，东经 89°27′～东经 97°39′，东西最长 738 千米，南北最宽处 406 千米，北与海西州相连，西北角与新疆的巴音郭楞自治州接壤，东与果洛州互通，东南与四川省甘孜州毗邻，西南与西藏自治区昌都市和西藏自治区那曲地区交界。

玉树州辖区总面积 26.7 万平方千米，辖玉树市、称多县、囊谦县、杂多县、治多县、曲麻莱县六市（县），11 个镇 34 个乡，258 个村（牧）委会。2016 年末总人口为 40.95 万人，少数民族人口为 40.45 万人，约占总人口的 98.7%。在少数民族人口中，藏族人口有 397 721 人，回族人口有 266 人，其他少数民族人口有 370 人。

2017 年全州实现 GDP64.38 亿元，按可比价格计算，较上年增 1.0%，人均 GDP15 798.13 元。分产业看，第一产业完成增加值 27.85 亿元，较上年增长 4.1%；第二产业完成增加值 22.71 亿元，较上年下降 6%；第三产业完成增加值为 13.82 亿元，较上年增长 7.1%。

（二十六）伊犁哈萨克自治州

伊犁哈萨克自治州简称伊犁州或伊犁，成立于 1954 年 11 月 29 日，地处新疆维吾尔自治区西部天山北部的伊犁河谷内，地跨北纬 40°14′16″ ~ 北纬 49°10′45″，东经 80°9′42″ ~ 东经 91°01′45″。东北与俄罗斯、蒙古国接壤，西邻中亚国家哈萨克斯坦，中国陆路最大的通商口岸霍尔果斯口岸位于州境西部。境内驻有新疆生产建设兵团第四、七、八、九、十师和新疆矿冶局、天西林业局、阿山林业局、新疆卷烟厂、阿希金矿等一批中央和自治区直属单位，被誉为“塞外江南”“中亚湿岛”“花城”。

伊犁州是全国唯一的既辖地级行政区，又辖县级行政区的自治州，也是全国唯一的副省级自治州，辖区总面积 27 万平方千米。辖塔城地区和阿勒泰地区；直辖 3 个县级市、7 个县、1 个自治县，即伊宁市、奎屯市、霍尔果斯市、伊宁县、察布查尔锡伯自治县、霍城县、巩留县、新源县、昭苏县、特克斯县、尼勒克县。伊犁州人民政府驻伊宁市。2016 年末全州总人口 466.20 万人，其中少数民族人口 276.88 万人，约占全州总人口的 59.4%。

2017 年伊犁哈萨克自治州 GDP 为 1742.78 亿元，较上年增长 8.0%。其中，第一产业 482.56 亿元，较上年增长 5.7%；第二产业 508.40 亿元，较上年增长 7.0%；第三产业 751.81 亿元，较上年增长 10.3%。州直属县市 GDP 为 875.75 亿元，较上年增长 8.6%。其中第一产业增加值 199.68 亿元，较上年增长 5.1%；第二产业增加值 259.58 亿元，较上年增长 7.6%；第三产业增加值 416.49 亿元，较上年增长 10.8%。全州三次产业结构由 2016 年的 29.0 ∶ 28.5 ∶ 42.5 调整到 27.7 ∶ 29.2 ∶ 43.1。2017 年人均 GDP36 893 元，较上年增长 7.9%。

（二十七）博尔塔拉蒙古自治州

博尔塔拉蒙古自治州简称博州，成立于 1954 年 7 月 13 日，“博尔塔拉”系蒙古语，意为“青色的草原”。博州地处亚欧大陆腹地，位于新疆维吾尔自治区西北边缘，地跨北纬 44°02′ ~ 北纬 45°23′，东经 79°53′ ~ 东经 83°53′。在准噶尔盆地西缘，东连塔城地区，南接伊犁州，西北部与哈萨克斯坦接壤，东西长 315 千米，南北宽 125 千米。边界长达 380 千米，有“中国西部第一门户”之称。

博州辖博乐市、阿拉山口市、精河县和温泉县以及赛里木湖风景名胜区，新疆生产建设兵团第五师及其所属 11 个团场分布于境内，博乐市为自治州首府和第五师师部所在地。2017 年末全州总人口近 50 万（含兵团第五师），聚居着 35 个民族，人口超过万人的有蒙古、汉、维吾尔、哈萨克、回等 5 个民族。2017 年末全州城镇人口 197 049 人，占总人口比例约为 41.45%；乡村人口 278 357 人，约占总人口比例为 58.55%。全年出生人口 6377 人，出生率为 13.38‰，较上年上升 2.64 个千分点；死亡人口 4790 人，死亡率为 10.05‰，较上年上升 4.8 个千分点；自然增长人口 1587 人，增长率为 3.33‰，较上年下降 2.16 个千分点。

2017 年全州 GDP 为 311.17 亿元，较上年增长 10.0%。其中，地方生产总值 267.99 亿元，较上年增长 12.1%；第一产业增加值 43.17 亿元，较上年增长 4.2%，约占当地 GDP 的 16.1%；第二产业增加值 88.25 亿元，较上年增长 16.5%，约占当地 GDP 的 32.9%；第三产业增加值 136.57 亿元，较上年增长 12.6%，约占当地 GDP 的 51%，第三产业成为拉动经济增长的主要动力。全州人均 GDP65 307 元，按可比价格计算，较上年增长 10.5%。

（二十八）昌吉回族自治州

昌吉回族自治州简称昌吉州或昌吉，成立于 1954 年 7 月 8 日，是全国仅有的两个回族自治州之一。地处天山北麓，准噶尔盆地东南缘，地跨北纬 43°20′～北纬 45°00′，东经 85°17′～东经 91°32′。东邻哈密市，西接石河子市，南与吐鲁番市、巴音郭楞蒙古自治州毗连，北与塔城、阿勒泰地区接壤，东北与蒙古国交界，从东、西、北三面环抱乌鲁木齐市。全州东西长 541 千米，南北宽 285 千米，边境线长 227.3 千米，是古代“丝绸之路”新北道通往中亚、欧洲诸国的必经之路。

昌吉回族自治州辖 2 个县级市、4 个县、1 个自治县，即昌吉市、阜康市和玛纳斯县、呼图壁县、吉木萨尔县、奇台县、木垒哈萨克自治县，辖区总面积 7.39 万平方千米。2017 年末全州总人口 161 万人，较上年增加 1.2 万人，同比增长 0.8%。汉族人口为 1 075 852 人，约占总人口的 75.31%；各少数民族人口为 352 735 人，约占总人口的 24.69%。

2017年全州地区GDP为1220.0亿元，按可比价格计算，较上年增长7.0%。其中，第一产业增加值242.0亿元，较上年增长4.0%；第二产业增加值577.0亿元，较上年增长6.0%；第三产业增加值401.0亿元，较上年增长10.4%。三次产业分别拉动经济增长1.0、2.6和3.4个百分点。三次产业结构为19.8 ∶ 47.3 ∶ 32.9。人均GDP为76 097元，较上年增长6.4%。

（二十九）巴音郭楞蒙古自治州

巴音郭楞蒙古自治州简称巴州，成立于1954年6月23日，是新疆维吾尔自治区下辖自治州。位于新疆维吾尔自治区东南部，地跨北纬35°38′～北纬43°36′，东经82°38′～东经93°45′。东邻甘肃、青海，南倚昆仑山与西藏相接；西连新疆和田、阿克苏地区，北以天山为界与伊犁、塔城、昌吉、乌鲁木齐、吐鲁番、哈密等地州市相连。东西和南北最大长度均有800余千米。“巴音郭楞”为蒙古语音译，意为“富饶的流域”。

巴州行政区划47.15余平方千米，约占新疆国土面积的四分之一，是我国面积最大的地级行政区。下辖库尔勒市、轮台县、尉犁县、若羌县、且末县、焉耆县、和静县、和硕县和博湖县，州府设在库尔勒市，全州有61乡，24个镇，5个街道办事处。2017年末全州总人口1 279 294人，少数民族人口约占总人口的43.3%。其中，蒙古族人口约占少数民族人口的8.6%，维吾尔族约占77.1%，回族约占11.78%。

2017年全州实现GDP951.51亿元，较上年增长7%。其中，第一产业实现增加值187.06亿元，较上年增长5.2%；第二产业实现增加值478.18亿元，较上年增长7.3%，工业实现增加值382.6亿元，较上年增长7.5%，建筑业实现增加值103.48亿元，较上年增长6.2%；第三产业实现增加值286.27亿元，较上年增长7.6%。三次产业结构为19.7 ∶ 50.3 ∶ 30。

（三十）克孜勒苏柯尔克孜自治州

克孜勒苏柯尔克孜自治州简称克州，成立于1954年7月14日，是中国新疆西南部的一个自治州，位于祖国的最西部。地跨北纬37°41′～北纬41°49′、东经73°26′～东经78°59′。地处天山山脉西南部、帕米尔高原东部、昆仑山北坡和塔里木盆地西北缘。自治州北部和西部分别与吉尔吉斯斯坦和塔吉克斯坦两国接壤，边境线长达1195多千米；东部与阿克苏地区相连；南部与喀什地区毗邻。全州东西长约500千米、南北宽约140千米。克州约1200千米的边境线上有254个通外山口及2个国家一类口岸。

克孜勒苏柯尔克孜自治州辖1个县级市、3个县，即阿图什市、阿克陶县、乌恰县和阿合奇县，是我国唯一的以柯尔克孜族为自治民族的自治州，州府驻阿图什市。2017年末全州总人口为620 591人，较上年末增加17 694人，增长2.9%。其中，农业人口479 191人，约占总人口的77.2%。总人口中，柯尔克孜族有162 774人，约占总人口的26.2%；维吾尔族408 738人，约占总人口的65.9%；汉族41 404人，约占总人口的6.7%。

2017年实现GDP112.12亿元，按可比价格计算，较上年增长8.2%。其中，第一产业增加值15.75亿元，较上年增长3.0%；第二产业增加值39.63亿元，较上年增长11.0%；第三产业实现增加值56.74亿元，较上年增长7.9%。人均GDP18 329元，较上年增长6.0%。第一、第二、第三产业增加值占GDP的比例分别为14.0%、35.4%和50.6%。

二、民族自治州评估的意义

（一）理论意义

我国是一个多民族国家，多民族是我国的一大特色，也是我国发展的一大有利因素。民族自治州作为我国民族工作的重要组成部分，民族自治州的经济社会发展问题也是民族工作领域的重大理论和实践问题。对民族自治州的发展水平进行全方位评估、连续评估，探索我国民族自治州的经济发展模式，有助于深入检验区域经济学和民族经济学相关理论在民族自治地方的实践应用情况，进一步丰富区域经济学和民族经济学理论。理论与实践的结合，对推进党的民族理论政策创新发展，解决我国民族问题，推进民族地区全面发展具有较强理论参考意义。

（二）现实意义

1）对民族自治州发展水平进行连续评估有利于准确把握各民族自治州的发展况状，深入分析民族自治州经济社会发展面临的形势和任务，精准掌握民族自治州在新时期的发展规律和特点。

2）对民族自治州发展水平进行连续评估有利于找到民族自治州发展存在的差距和不足，按照问题导向和目标导向，牢牢把握民族自治州在中国特色社会主义新时代全面建成小康社会的机遇和条件。

3）对民族自治州发展水平进行连续评估有利于研究制定促进民族地区发展的差别化支持政策，进一步强化举措推进“一带一路”建设和“西部大开发”战略在民族自治地方向纵深方向推进。

4）对民族自治州发展水平进行连续评估有利于各民族自治州制定更为有力、更为可行的政策，推进城乡、区域、产业等协调发展，推动形成民族自治地方全面开放、创新发展的新格局，奋力实现与全国、全省同步全面建成小康社会。

第二章 民族自治州发展的评估方法与指标体系

民族自治州发展，包括国民经济发展、社会保障与安全、人民生活质量、科教文卫事业发展、资源环境发展等涉及民族自治州经济与社会发展相关的方方面面，因此必然要求在评价体系构建中力求全面、突出重点，评价方法与模型选择要科学合理，同时鉴于课题组此之前承担的国家民委科研项目的研究内容，因此在确保科学合理的同时，也为了评价延续性和可对比性，2016 年民族自治州发展评估方法仍然选用主成分分析法。关于方法选用和指标体系，课题组在之前的课题研究中已经进行了详细的阐述，在此不再赘述，仅就核心内容进行说明和补充。

一、评估的基本原则

在对 2016 年自治州发展水平进行评估时，遵循以下原则。

（1）一致性原则

在数据可获得性的基础上，尽可能使自治州的评价指标体系保持一致。由于自治州部分数据受客观条件的限制，难以及时获取，很难保证能全面获取 30 个自治州的所有评价指标数据，因此我们在指标体系的整体框架中进行了取舍和替代，以确保 30 个自治州评价指标体系的一致性，使得评价结果具有横向的可比性。

（2）全面性原则

全面评价自治州国民经济和社会发展，科学评估自治州发展内部差异及与全国其他省市的比较，准确定位 30 个自治州的排名位次以及所处阶段，并基于分项指标的评估结果全面剖析自治州整体发展背后的具体动因。

（3）可比性原则

评价指标体系中的指标数据的收集，主要通过公开发表的各年度统计年鉴，尽量采用可定量的相对数量指标（人均指标、比率指标或均值指标），因此评价结果不仅能准确反映各自治州发展的真实水平，而且基于均值指标的评估，其结果在整体和分项指标结果上具有非常强的可比性。

（4）客观公正性原则

在数据可获得性的基础上，评价采用公开数据，并进行大量的甄别和核实，使数据更加客观真实。评价采用主成分分析及因子分析方法，较好地解决了指标计量单位、指标性质、数量级及指标权重的问题，使评价结果更加客观、合理。

（5）综合性原则

随着国家政策重心逐步向可持续发展、和谐社会、科学发展观的转移，人们对地区发展关注的重点已逐步扩展到了多层面的研究。因此，评价体系除了经济发展指标以外，还对涉及民族地区民生的社会保障、关于可持续发展的资源环境等方面进行了综合评价。

（6）静态与动态相结合的原则

在自治州发展评估体系中既有反映现实的经济发展状况等方面的静态指标，也要有反映资源环境基础等方面的动态指标，如反映资源利用变化的耕地面积指数。自治州发展评价必须充分考虑静态的现实表征变化，也要反映影响变化发展的动态方面，进行静态和动态相结合的评价，才能科学准确反映发展的真实情况。

二、评价方法比较与选择

鉴于民族自治州的发展具有明显的现实客观性，评价体系较为全面系统，涉及经济发展、社会保障、资源环境等方面的众多因素及其反映指标。每个因素和指标都在一定程度上反映国民经济和社会发展的重要方面，且指标之间彼此具有一定的相关性，因而统计数据指标所反映的信息必然在一定程度上有重叠，评价体系中指标变量多，层次关系复杂。因此为了得到更为客观的评价结果，必须要降低评估体系的维度，从错综复杂的评估指标体系中，抽取一些主要成分，以便有效地利用大量统计数据，进而对自治州发展进行有效评估分析，因此本研究中采用主成分评估分析方法。

由于不同指标之间存在一定相关性，必然会增加分析问题的难度。运用主成分分析法，就可以在不损失变量原有信息的前提下，通过降维的方法，将原来众多具有一定相关性的指标组合成新的少数几个相互独立的综合指标，并根据实际需要从中取几个较少的具有代表性的综合指标尽可能多地反映原来指标的信息。其基本步骤如下。

（一）原始数据标准化处理

由于各指标的含义不同，指标值的度量单位也不同，各指标的量纲各异。为了消除由于量纲的不同可能带来的一些不合理的影响，在进行主成分分析之前要先对数据进行标准化处理，即将原始数据处理成均值为 0、方差为 1 的标准分析数据。其标准化计算公式为

$$t_{ij}=\frac{x_{ij}-\overline{x_j}}{\sqrt{\operatorname{var}(x_j)}},\ (i,j=1,2,\cdots,k)$$

$$\overline{x_j}=\frac{1}{n}\sum_{i=1}^{n}x_{ij},\operatorname{var}(x_j)=\frac{1}{n-1}\sum_{i=1}^{n}(x_{ij}-\overline{x_j})^2$$

式中，t_{ij} 表示标准化以后的数据；x_{ij} 为原始数据；$\overline{x_j}$表示第 j 个指标的平均数；$\sqrt{\operatorname{var}(x_j)}$ 为标准差。

（二）标准化指标的相关系数矩阵

$$\boldsymbol{R}=\begin{bmatrix}1 & R_{12} & \cdots & R_{1K}\\ R_{21} & 1 & \cdots & R_{2K}\\ \cdots & \cdots & \cdots & \cdots\\ R_{K1} & R_{K2} & \cdots & 1\end{bmatrix},\ (i,j=1,2,3,\cdots,k)$$

（三）计算系数矩阵的特征根

计算相关系数矩阵 $\boldsymbol{R}$ 的特征根 λ_i（$i=1,2,\cdots,k$）和特征向量 $\boldsymbol{u}_i=(\boldsymbol{u}_1,\boldsymbol{u}_2,\cdots,\boldsymbol{u}_m)$。

根据特征方程 $|R-\lambda_i|=0$, 计算特征根 λ，并使其从大到小排列：$\lambda_1 \geqslant \lambda_2 \geqslant \cdots \geqslant \lambda_i > 0$。

（四）计算方差贡献率与累计贡献率

计算各主成分的方差贡献率 e_i 及累积贡献率 E。

其计算公式为

$$e_i=\frac{\lambda_i}{\sum_{i=1}^{k}\lambda_i},\ E=\frac{\sum_{i=1}^{m}\lambda_i}{\sum_{i=1}^{k}\lambda_i}$$

式中，e_i 为第 i 个主成分的贡献率，该值越大，则说明该主成分概括各指标数据的能力越强；m 为全部主成分个数。

（五）选取主成分个数

在实践中比较通行的确定主成分个数方法的原则有以下几种：① $E \geqslant 85\%$ 准则。E 表示前 k 个主成分的累计贡献率，即从原 k 个变量中提取的信息量，若已达到全部信息量的绝大部分（通常大于 85%），即可以认为，前 m 个主成分已基本反映了原变量的主要信息，取前 m 个变量足以说明问题。② $\lambda_m>\lambda$ 准则。先计算特征根 λ_m 的均值 λ，然后将之与 λ_m 比较，选取 $\lambda_m>\lambda$ 的前 m 个成分作为主成分。由标准化数据的相关矩阵 $\boldsymbol{R}$ 求得的 $\lambda=1$，因此只要取 $\lambda_m>1$ 的前 m 个主成分即可。所得主成分为

$$\begin{gathered}F_1=L_{11}x_1+L_{12}x_2+\cdots+L_{1m}x_m\\F_2=L_{21}x_1+L_{22}x_2+\cdots+L_{2m}x_m\\\cdots\\F_m=L_{m1}x_1+L_{m2}x_2+\cdots+L_{mm}x_m\end{gathered}$$

式中，F_1，F_2，…，F_m 依次为第 1 主成分因子，第 2 主成分因子，直至第 m 主成分因子。

（六）计算主成分的得分并计算综合得分

将标准化数据带入以上方程组，可得各评价对象的主成分得分，然后在此

基础上，以方差贡献率为权数按照以下公式，计算综合得分。

$$F=\left(\frac{\lambda_i}{\sum_{i=1}^{m}\lambda_i}\right)F_m,(i=1,2,3,\cdots,m)$$

对综合得分 F_i，我们按$[10.1+\frac{x_i-x_{\min}}{x_{\max}-x_{\min}}(99.1-10.1)]$，计算出其综合评价值。综合得分越高，说明系统水平越高，反之说明水平越低。

主成分析法的分析步骤比较规范，整个过程可以通过软件处理，各原始指标的权属不带人为主观意识，比较客观科学，便于提高评估结果的可靠性和准确性，因此我们运用主成分分析法进行评价。

在研究多变量问题时，描述某种区域特征的可选指标往往比较多，而这些指标又常常相互关联，给研究带来了很大不便。在具体研究过程中，选取指标过多不但会增加研究难度，而且会导致问题复杂化。选取指标过少又可能会导致对研究对象影响较大的指标未能入选，进而影响结果的可靠性。主成分方法是解决这一问题的较为理想的多元统计工具。

假定有 n 个区域，有 p 个指标反映某一综合区域特征，这 p 个指标反映了 n 个区域的差异。主成分分析统计上的处理就是将原来 p 个指标作为线性组合，从这 p 个指标中提取 m（$m<p$）个综合指标，让它仍能基本反映原来 p 个指标所包含的信息量，记为 F_1，F_2，…，F_m。我们希望 F_1 包含原来的信息最多，即 var（F_1）最大。如果主成分 F_1 不足以有效地反映原有信息，我们再依次选择 F_2，F_3，…，F_m，直到原有信息被充分提取。

在具体分析过程中，前几个主成分就可以代表我们所研究区域的主要的相关特征（一般我们以这几个主成分的累积贡献率达到 85% 为标准），从而通过对这几个主成分的进一步分析和计算，达到我们最初的综合分析和评价的目的。这样就达到了既减少指标数量又能区分区域间差异的目的。

三、评估指标选择与体系构建

（一）指标体系的构建原则

指标体系的设计是否科学、恰当，直接关系到民族自治州发展评估的科学性。这就要求指标体系不仅要客观、合理，而且要尽可能全面地反映影响自治州发展的方方面面。自治州发展评估指标体系不是一系列指标的简单堆积和随意组合，而是相互联系、相互关联的有机综合系统。因此在设计指标体系选构时应遵循以下基本原则。

（1）系统性原则

指标体系的设计应能系统地综合反映自治州总体发展状况和特点，因此指标体系的选构上必须综合系统考虑其全面性与差异性，避免指标之间的相互重叠，最大限度地降低指标之间的相关性。

（2）科学性原则

指标内容的选择、指标权重的确定、指标体系结构的构建等都要有科学依据，尽可能客观真实地反映自治州发展的状态以及各个子系统之间的协调程度。

（3）区域性原则

区域特征是自治州发展中的一大特色，自治州是我国实行民族区域自治政策的重要层级和单位，相对于其他区域发展而言，具有较大的差异性和明显的独特性。因此，在设计指标体系时，要注意反映自治州所在区域的社会经济与环境的发展特点，充分体现自治州发展的特色与侧重点，合理恰当地做出相应的调整。

（4）可操作性原则

指标内容简单明了，容易理解，并且具有较强的可比性。此外，指标的基础数据要容易获取，要能够通过一般统计和调查获取，并能从较大程度上保证指标数据的可信度和横向可比性。

（5）动态性原则

指标设计不仅要能够反映自治州发展状态，更重要的是要根据状态，把握其发展的主观核心和客观基础。因此，指标的选择要充分考虑自治州发展的动态变化特点，从而更客观和准确地描述、刻画与度量自治州发展的真实状态。

（二）指标体系的构建思路

自治州发展评估指标体系，是指构成指标的各个要素及其之间逻辑组合关系和表达形式。只有将这些分散选取的具体指标进行科学的构建，才能将它们排列组合成完整合理的综合体系，从而真实地描述和评价民族自治州发展的状态和水平。自治州发展评价指标体系共分为三个层次。

一级目标层：评价指标建立的最终目标，科学定量测评“十二五”时期自治州国民经济和社会发展的综合水平。

二级系统层（分目标层）：以自治州发展的五大方面作为分目标层，包括经济发展方面、社会保障方面、生活质量方面、科教文卫方面和资源环境方面，即系统层。

三级指标层：每个系统层下设立若干指标，共28个指标。

（三）指标体系的设计内容

民族自治州发展评估是由其国民经济和社会发展的内部相关联的不同属性子系统相互交织、相互作用、相互渗透，并不断协调完善而构成的具有特定结构和功能的综合系统，若将这个子系统解剖开来，自治州发展评价指标体系应该包括以下五个方面：经济发展方面、社会保障方面、生活质量方面、科教文卫方面、资源环境方面①。

（1）经济发展方面

自治州的经济发展是我国国民经济和社会发展的重要方面，也是民生改善和社会进步的重要依赖途径，还是发展评估的重要因素，更是我国民族工作的根基和核心。具体选择的指标有：①人均GDP；②人均地方财政收入；③经济密度；④人均固定资产投资；⑤第二产业所占比例；⑥第三产业所占比例。

（2）社会保障方面

社会保障是具有经济福利性的国民生活保障和社会稳定系统，能充分反映维护社会公平进而促进社会稳定发展的程度。社会保障是经济发展和社会进步的重要检验标准，同时也是建设和谐社会的重要方式。选择指标主要有：①基本养老保险覆盖率；②失业保险覆盖率；③医疗保障覆盖率；④人均最低生活保障支出。

①《中华人民共和国国民经济和社会发展第十一个五年规划纲要》。

（3）生活质量方面

生活质量是国民经济和社会发展目标的最终体现，直接反映民生政策与经济发展的结果，是以人为本科学发展观贯彻落实成效的重要体现，更是自治州民生改善、国民经济和社会发展的重要检验标准。涉及的主要评价指标有：①城镇居民人均可支配收入；②农村居民人均纯收入；③城镇恩格尔系数；④乡村恩格尔系数；⑤公路旅客周转量；⑥人均社会消费品零售总额；⑦每百户电话拥有量。

（4）科教文卫方面

科技是促进社会经济增长的关键性因素，科技指标是衡量地区经济发展质量与潜力的重要方面。教育与卫生是提升人力资本的重要途径，是一个地区人力资源素质的重要衡量标准，也是地区发展的重要基础保障。科技教育与文化卫生是民族地区发展的重要支撑和保障，同时也是民族地区发展潜力的重要体现，因此应该是自治州发展评估的重要衡量方面。主要指标包括：①每十万人授权专利数；②生均教育经费支出；③电视人口覆盖率；④每万人文化馆数；⑤每万人报纸印数；⑥每千人病床数；⑦每万人卫生机构人员数。

（5）资源环境方面

资源与环境是支撑经济生产发展和人民生活不可或缺的要素之一，是社会经济发展和人民生活的重要关联支撑。人类一切发展和生产活动的开展都是建立在资源与环境利用的基础之上，而环境与经济和社会发展同时存在促进和抑制的双重效应。资源与环境状况不仅影响经济发展的现状，更决定着国民经济和社会发展的质量和未来发展的态势和潜力。加快经济发展是民族地区面临的迫切问题，但经济发展也受到资源环境的约束。民族地区能源和资源的高消耗以及由此造成的环境污染和生态破坏，已成为制约民族地区可持续发展的突出障碍。本研究拟选择的具体指标包括：①单位 GDP 能耗；②工业废水排放达标率；③耕地面积指数；④森林覆盖率。

通过对指标的层层筛选，构建出自治州发展评估的指标体系如表 2.1 所示。

表 2.1 自治州发展评估指标体系

指标分类	序号	指标名称	单位	备注	预期作用方向
A. 经济发展	1	人均 GDP	元 / 人	反映经济发展水平	+
	2	人均地方财政收入	亿元	反映经济总量	+
	3	经济密度	万元 / 平方千米	反映经济发展质量	+
	4	人均固定资产投资	万元	反映经济增长潜力	+
	5	第二产业所占比例	%	反映经济结构	+
	6	第三产业所占比例	%	反映经济结构	+
B. 社会保障	7	基本养老保险覆盖率	%	反映社会保障情况	+
	8	医疗保障覆盖率	%	反映医疗保障情况	+
	9	失业保险覆盖率	%	反映就业的保障程度	+
	10	人均最低生活保障支出	%	反映贫困人口保障程度	+
C. 生活质量	11	城镇居民人均可支配收入	元	可支配收入越高，生活质量越高	+
	12	农村居民人均纯收入	元	可支配收入越高，生活质量越高	+
	13	城镇恩格尔系数	%	反映城镇居民生活消费质量	-
	14	乡村恩格尔系数	%	反映农村居民生活消费质量	-
	15	公路旅客周转量	人千米	反映农村居民出行便利程度	+
	16	人均社会消费品零售总额	元	反映居民消费的实际状况	+
	17	每百户电话拥有量	部	信息通畅情况	+
D. 科教文卫事业	18	每十万人授权专利数	件	科技开发实力	+
	19	生均教育经费支出	元	反映教育情况	+
	20	电视人口覆盖率	%	信息保障情况	+
	21	每万人文化馆数	个	反映居民文化活动	+
	22	每万人报纸印数	册	反映居民信息获取	+
	23	每千人病床数	张	反映医疗保障程度	+
	24	每万人卫生机构人员	个	反映医疗保障程度	+

续表

指标分类	序号	指标名称	单位	备注	预期作用方向
E. 资源环境	25	单位 GDP 能耗	吨标准煤 / 万元	能源利用效率	-
	26	工业废水排放达标率	%	反映环境污染状况	+
	27	耕地面积指数	%	耕地资源变动情况	+
	28	森林覆盖率	%	反映环境状况	+

第三章
2016 年民族自治州发展的总体状况分析

一、经济发展

（一）GDP 增长稳定

自治州面对复杂严峻的经济形势和艰巨繁重的改革发展任务，坚持稳中求进的工作总基调，经济保持持续快速增长。30 个自治州的 GDP 之和由 2010 年的 8547.78 亿元增加至 2016 年的 17 415.05 亿元，约增长 103.74%，年均增长 12.59%；其中，黔南、黔东南等 24 个自治州的 GDP 年均增长率高于全国 10.3% 的平均水平。

从 2016 年各自治州 GDP 来看，伊犁州（1562.26 亿元）排名第一；凉山州（1403.92 亿元）次之，排名第二；红河州（1336.79）排名第三；排名第四至第十位的分别是黔南州（1313.26 亿元）、昌吉州（1118.2 亿元）、大理州（974.2 亿元）、黔东南州（939.05 亿元）、黔西南州（929.14 亿元）、延边州（915.1 亿元）、巴州（904.89 亿元）。相比之下，果洛州（36.48 亿元）排名垫底，倒数第二至第十位的分别是玉树州（61.68 亿元）、黄南州（74.65 亿元）、海北州（100.67 亿元）、克州（108.2 亿元）、怒江州（126.46 亿元）、甘南州（139.95 亿元）、海南州（152.68 亿元）、迪庆州（180.58 亿元）、临夏州（225 亿元）。

从 2016 年较上年比较来看，黔南州增速最快（45.45%），同属贵州省的黔西南州（15.9%）、黔东南州（15.71%）增速次之，分列第二、第三名。排名第四至第十位的分别是迪庆州（12.07%）、怒江州（11.47%）、楚雄州（11.03%）、海西州（10.7%）、甘南州（10.6%）、德宏州（9.81%）、文山州（9.7%）；而部分地区出现负增长，如巴州（–13.98%）、伊犁州（–4.73%）、博州（–3.49%）、昌吉州（–1.91%），剩余增速较慢的倒数第五至第十位的分别是玉树州（1.87%）、果洛州（2.3%）、黄南州（2.61%）、延边州（3.27%）、湘西州（3.69%）、海北州（6.12%）。增速排名区域差异性较为明显，增速较快地区主要集中在贵州和云南，而增速相对较慢的地区主要集中在新疆和青海（表 3.1）。

表 3.1　2016 年我国 30 个民族自治州 GDP 变化情况

自治州	2015 年 GDP/ 亿元	2016 年 GDP/ 亿元	2016 年 GDP 排名	2016 年增率 /%	2016 年 GDP 增速排名
延边	886.10	915.10	9	3.27	23
恩施	670.81	735.70	13	9.67	11
湘西	512.00	530.90	14	3.69	22
阿坝	265.04	281.32	18	6.14	20
凉山	1 314.84	1 403.92	2	6.77	17
甘孜	213.04	229.80	20	7.87	16
黔东南	811.55	939.05	7	15.71	3
黔南	902.91	1 313.26	4	45.45	1
黔西南	801.65	929.14	8	15.90	2
西双版纳	335.91	366.03	16	8.97	13
文山	670.84	735.88	12	9.70	10
红河	1 222.28	1 336.79	3	9.37	12
德宏	292.32	320.99	17	9.81	9
怒江	113.45	126.46	25	11.47	5
迪庆	161.14	180.58	22	12.07	4
大理	901.07	974.20	6	8.12	15
楚雄	762.97	847.12	11	11.03	6
甘南	126.54	139.95	24	10.60	8
临夏	211.41	225.00	21	6.43	19
玉树	60.55	61.68	29	1.87	26
海南	140.20	152.68	23	8.90	14
黄南	72.75	74.65	28	2.61	24
海北	94.86	100.67	27	6.12	21

续表

自治州	2015 年 GDP/ 亿元	2016 年 GDP/ 亿元	2016 年 GDP 排名	2016 年增率 /%	2016 年 GDP 增速排名
果洛	35.66	36.48	30	2.30	25
海西	439.90	486.96	15	10.70	7
昌吉	1 140.00	1 118.20	5	-1.91	27
巴州	1 052.00	904.89	10	-13.98	30
克州	101.50	108.20	26	6.60	18
博州	287.20	277.19	19	-3.49	28
伊犁州	1 639.77	1 562.26	1	-4.73	29
合计	16 240.26	17 415.05	—	7.23	—

（二）人均 GDP 和人均收入保持平稳

人均 GDP 由 2010 年的 17 085.07 元增加至 2016 年的 32 874.4 元，约增长 92.42%，年均增长 11.53%；其中，黔西南、黔东南等 22 个自治州的人均 GDP 年均增长率高于全国 9.7% 的平均水平。城镇常住居民人均可支配收入由 2010 年的 14184 元增加至 2016 年的 29 099 元，约增长 105.15%，年均增长 12.72%；农村常住居民人均可支配收入由 2010 年的 4015 元增加至 2016 年的 9559 元，约增长 138.08%，年均增长 15.55%，农村居民人均可支配收入增速明显高于城镇居民。

从 2016 年人均 GDP 绝对数值来看，2016 年 30 个自治州人均 GDP 前三名分别是海西州（95 314 元）、巴州（71 572 元）、昌吉州（70 153 元）；位列第四至第十位的分别是博州（57 913 元）、迪庆州（44 153 元）、延边州（43 003 元）、海北州（35 800 元）、伊犁州（33 229 元）、海南州（32 603 元）、黔南州（31 472 元）。与 2015 年相比较，第一至第七名排名没有发生变化；2015 年第八名的海南州，2016 年降低至第九位；2015 年第九名的海北州，2016 年跌出前十，位居第十一位；2015 年第十名的阿坝州，2016 年位居第十四位。

从人均 GDP 环比变化量来看，2016 年 30 个自治州平均人均 GDP 增速（3.7%）低于十二五平均年均增速水平（13.9%），有 9 个州实现双位数的快速增长。其中，增长最快的自治州是临夏州，增速达到 22.11%；排名第二至第十位的分别是黔东南州（15.35%）、甘孜州（13.29%）、黔南州（12.85%）、海北州（12.02%）、迪庆州（11.66%）、怒江州（11.46%）、楚雄州（10.81%）、红河州(10.61%)、海西州(9.92%)。有九个州出现负增长，分别是克州(–0.24%)、玉树州（–1.44%）、昌吉州（–1.54%）、巴州（–2.82%）、博州（–2.9%）、伊犁州（–3.06%）、凉山州（–3.09%）、湘西州（–5.32%）、海南州（–62.4%）。具体如表 3.2 和图 3.1 所示。

表 3.2　2016 年民族自治州人均 GDP 变化情况

自治州	2015 年人均 GDP/ 元	2016 年人均 GDP/ 元	2016 年人均 GDP 排名	十二五年均增速 /%	2016 年增率 /%	十二五增速排名	2016 年增速排名
延边	41 390	43 003	6	10.72	3.9	24	18
恩施	20 162	22 050	22	17.95	9.36	6	12
湘西	19 488	18 452	26	12.45	–5.32	20	29
阿坝	28 495	30 594	13	14.04	7.37	13	16
凉山	28 276	27 401	18	11.55	–3.09	23	28
甘孜	18 423	20 872	23	9.73	13.29	28	3
黔东南	23 284	26 858	19	20.31	15.35	4	2
黔南	27 888	31 472	10	20.36	12.85	3	4
黔西南	28 464	28 464	15	24.41	0	1	21
西双版纳	28 945	31 338	11	15.13	8.27	9	14
文山	18 612	20 362	24	14.56	9.4	11	11
红河	26 345	29 141	14	12.29	10.61	21	9
德宏	22 990	24 951	20	14.64	8.53	10	13
怒江	20 895	23 289	21	15.31	11.46	8	7
迪庆	39 543	44 153	5	14.22	11.66	12	6
大理	25 459	27 416	17	13.58	7.69	15	15
楚雄	27 942	30 962	12	12.56	10.81	19	8
甘南	17 990	19 213	25	12.59	6.8	18	17
临夏	9 680	11 821	30	12.72	22.11	16	1
玉树	15 455	15 232	29	12.62	–1.44	17	23
海南	86 713	32 603	9	13.76	–62.4	14	30

续表

自治州	2015 年人均 GDP/ 元	2016 年人均 GDP/ 元	2016 年人均 GDP 排名	十二五年均增速 /%	2016 年增率 /%	十二五增速排名	2016 年增速排名
黄南	27 177	27 499	16	9.82	1.19	26	20
海北	31 960	35 800	7	9.76	12.02	27	5
果洛	18 089	18 378	27	9.96	1.6	25	19
海西	86 713	95 314	1	5.91	9.92	30	10
昌吉	71 251	70 153	3	15.32	−1.54	7	24
巴州	73 649	71 572	2	8.84	−2.82	29	25
克州	16 777	16 736	28	18.97	−0.24	5	22
博州	59 641	57 913	4	21.17	−2.9	2	26
伊犁	34 277	33 229	8	11.63	−3.06	22	27

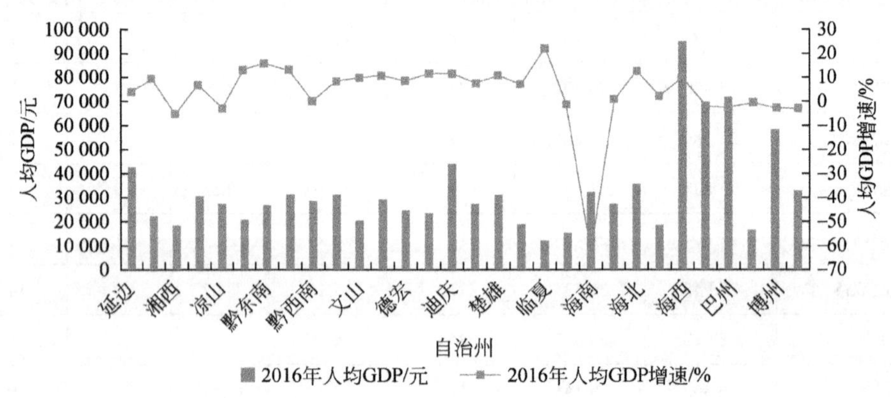

图 3.1　2016 年部分民族自治州人均 GDP 及增速情况

总体而言，2016 年 30 个自治州平均人均 GDP 保持平稳，但还存在一些不足之处，值得深入思考。第一，部分自治州人均 GDP 总量很高、排名靠前，但是年增速却排名垫底，发展“倒挂”现象依然存在。例如，海西州、巴州、昌吉州 2016 年人均 GDP 绝对数值排第一至三名，但同期人均 GDP 增速却分列第十、二十五、二十四名；第二，与十二五时期相比，2016 年 30 个自治州的人均 GDP 数值排名变化不大，经济优势群体依然较为固定，区位差异性较为明显，区域经济缺乏新的增长点。

（三）产业结构不断优化

根据国内外学界的共识，在区域经济发展中，比较理想的三次产业结构应遵循“以第三产业为主、第二产业次之、第一产业最末”的总体格局，在三次产业的比重分布上，第一产业适宜控制在 5% 左右，第二产业 30% 左右，第三产业达到 70% 左右。自治州以推动供给侧结构性改革为主线，加快发展特色优势产业，产业结构提质增效成果显著。第三产业已经成为推动自治州经济发展的主要动力，30 个自治州第三产业增加值占 GDP 比重由 2010 年的 38.08% 增加至 2016 年的 43.70%，增加 5.62 个百分点。其中，黔东南、临夏等 13 个自治州占比增幅高于全国 7.48% 的平均水平。第二产业增加值占 GDP 比重基本保持稳定，由 2010 年的 39.06% 降低至 2016 年的 37.33%，减少 1.73 个百分点。第一产业增加值占 GDP 比重持续降低，由 2010 年的 22.86% 降低至 18.97%，减少 3.89 个百分点。其中，黔东南、伊犁等 25 个自治州占比减幅高于全国 0.97% 的平均水平。

进一步依据这一比例结构，与十二五末期相比较，进一步分析 2016 年我国 30 个民族自治州的产业结构变化情况，如表 3.3 所示。

表 3.3　2016 年民族自治州产业结构变化情况　　单位：%

自治州	2015 年三产业结构			2016 年三产业结构			各产业变动情况		
	第一产业	第二产业	第三产业	第一产业	第二产业	第三产业	第一产业	第二产业	第三产业
延边	9.70	47.90	42.40	7.60	48.70	43.70	−2.10	0.80	1.30
恩施	30.66	28.74	40.60	20.70	36.00	43.30	−9.96	7.26	2.70
湘西	16.27	39.94	43.79	14.75	31.20	53.60	−1.52	−8.74	9.81
阿坝	18.92	44.09	36.99	15.70	47.20	37.10	−3.22	3.11	0.11
凉山	21.94	47.32	30.74	20.00	48.70	31.30	−1.94	1.38	0.56
甘孜	23.42	36.57	40.01	25.80	36.00	38.20	2.38	−0.57	−1.81
黔东南	24.55	30.11	45.34	8.90	27.70	63.40	−15.65	−2.41	18.06
黔南	19.66	39.94	40.39	17.90	35.10	47.00	−1.76	−4.84	6.61
黔西南	17.44	38.47	44.09	21.00	34.10	44.90	3.56	−4.37	0.81
西双版纳	27.62	29.61	42.77	25.19	26.90	47.90	−2.43	−2.71	5.13
文山	21.80	36.00	42.20	21.10	35.70	43.20	−0.70	−0.30	1.00
红河	16.05	53.07	30.89	16.00	45.20	38.80	−0.05	−7.87	7.91

续表

自治州	2015 年三产业结构			2016 年三产业结构			各产业变动情况		
	第一产业	第二产业	第三产业	第一产业	第二产业	第三产业	第一产业	第二产业	第三产业
德宏	26.49	33.86	39.65	24.27	24.60	51.10	-2.22	-9.26	11.45
怒江	12.11	36.03	51.86	8.25	37.27	54.48	-3.86	1.24	2.62
迪庆	9.52	38.27	52.20	6.30	35.50	58.20	-3.22	-2.77	6.00
大理	22.95	39.65	37.40	21.19	38.30	40.60	-1.76	-1.35	3.20
楚雄	22.38	42.49	35.14	19.19	38.10	42.70	-3.19	-4.39	7.56
甘南	23.47	23.70	52.83	21.41	16.07	62.51	-2.06	-7.63	9.68
临夏	22.62	29.66	47.73	17.10	21.20	61.70	-5.52	-8.46	13.97
玉树	56.43	22.85	20.72	43.48	36.54	20.02	-12.95	13.69	-0.70
海南	26.80	44.16	29.05	21.01	50.00	29.00	-5.79	5.84	-0.05
黄南	29.33	40.34	30.33	26.40	33.70	39.90	-2.93	-6.64	9.57
海北	19.11	50.41	30.48	17.73	44.10	38.20	-1.38	-6.31	7.72
果洛	21.54	41.70	36.76	17.13	35.01	47.86	-4.41	-6.69	11.10
海西	2.81	79.06	18.12	5.80	67.10	27.10	2.99	-11.96	8.98
昌吉	29.26	42.49	28.25	19.97	48.67	31.36	-9.29	6.18	3.11
巴州	16.93	65.20	17.87	22.02	48.65	29.33	5.09	-16.55	11.46
克州	20.84	22.32	56.84	14.97	33.62	51.41	-5.87	11.30	-5.43
博州	30.77	19.95	49.28	19.10	30.70	50.20	-11.67	10.75	0.92
伊犁	44.08	26.80	29.12	29.02	28.13	42.85	-15.06	1.33	13.73

通过分析表 3.3 数据可知，2016 年我国 30 个民族自治州中有 26 个州的第一产业占 GDP 比例在降低（向 5% 靠拢），有 19 个州的第二产业占 GDP 比例在降低（向着 30% 靠拢），有 26 个州的第三产业占 GDP 比例在升高（向着 70% 靠拢），显示出自治州整体的三次产业结构处于优化调整中。在第一产业的优化幅度上，黔东南州降幅最大，由 2015 年 24.55% 降低至 2016 年的 8.9%，减少 15.65 个百分点，伊犁州（−15.06%）、玉树州（−12.95%）、博州（−11.67%）、恩施州（−9.96%）、昌吉州（−9.29%）、克州（−5.87%）、

海南州（–5.79%）、临夏州（–5.52%）、果洛州（–4.41%）农业产值比例降幅分列第二至第十位。在第二产业的优化幅度上，巴州降幅最大，由2015年65.2%降低至2016年的48.65%，减少16.55个百分点，海西州（–11.96%）、德宏州（–9.26%）、湘西州（–8.74%）、临夏州（–8.46%）、红河州（–7.87%）、甘南州（–7.63%）、果洛州（–7.63%）、黄南州（–6.64%）、海北州（–6.31%）工业产值比例降幅分列第二至第十位。在第三产业的优化幅度，黔东南增幅最大，由2015年45.34%增加至2016年的63.4%，提升18.06个百分点，临夏州（13.97%）、伊犁州（13.73%）、巴州（11.46%）、德宏州（11.45%）、果洛州（11.1%）、湘西州（9.81%）、甘南州（9.68%）、黄南州（9.57%）、海西州（8.98%）第三产业产值比例增幅分列第二至第十位。

根据各产业所占比例从高至低的顺序，对30个民族自治州进行分类。第三产业高于第二产业高于第一产业的地区有恩施州、湘西州、甘孜州、黔东南州、黔南州、黔西南州、西双版纳州、文山州、德宏州、怒江州、迪庆州、大理州、楚雄州、临夏州、黄南州、果洛州、克州、博州；第二产业高于第三产业高于第一产业的地区有延边州、阿坝州、凉山州、红河州、海南州、海北州、海西州、昌吉州、巴州；第三产业高于第一产业高于第二产业的地区有甘南州、伊犁州；第一产业高于第二产业高于第三产业的地区有玉树州。

需要指出的是，虽然自治州整体产业结构得以持续优化，但仍有一些地区存在着第一产业比重偏高的情况，如玉树州第一产业比例高达43.48%，此外甘孜州、西双版纳州、黄南州、伊犁州的第一产业比例也都超过25%，上述地区的产业结构优化调整空间依然较大。

二、社会保障

社会保障事业的发展可以从反映社会保障状态的基本养老保险覆盖率、反映群众医疗保障状态的医疗保障覆盖率和反映就业可持续发展能力的失业保险覆盖率三个层面展开。自治州优先发展教育、文化、卫生等公共事业，基本公共服务均等化建设稳步前进。30个自治州的医疗保障平均覆盖率由2010年的12.58%增加至2016年的63.45%，增长404.53%，年均增长30.96%；基本养老保险平均覆盖率由7.56%增加至44.47%，增长488.11%，年均增长34.35%；失业保险平均覆盖率由4.49%增加至5.49%，增长22.26%，年均增长3.41%。2016年我国30个民族自治州的社会保障事业发展基本情况，如表3.4所示。

表 3.4　2016 年民族自治州社会保障事业发展情况　　　单位：%

自治州	基本养老保险覆盖率	医疗保障覆盖率	失业保险覆盖率
延边	50	71.46	13.92
恩施	48.85	54.73	3.39
湘西	9.03	85.89	4.82
阿坝	54.47	94.7	7.37
凉山	37.7	84.6	4.5
甘孜	36.79	95.01	5.09
黔东南	47.47	88.26	1.6
黔南	68.79	17.82	4.98
黔西南	52.56	79.04	2.69
西双版纳	39.58	79.28	5.47
文山	52.58	80.7	2.18
红河	84.37	93.5	4.54
德宏	43.58	73.5	4.11
怒江	45.24	13.6	3.95
迪庆	50.63	21.88	4.63
大理	52	12.09	3.87
楚雄	84.72	25.29	5.95
甘南	50.87	99.02	4.15
临夏	52	70	4
玉树	53.1	93.93	3
海南	48.62	78.84	3.76
黄南	5.6	88.58	3.65
海北	56.43	96.87	4.5
果洛	57.49	85.46	3.07
海西	16.35	46.22	7.56
昌吉	40.11	64.39	11.14
巴州	34.55	43	13.94
克州	6.55	15.26	7.96
博州	20.29	26.7	8.63
伊犁	33.63	23.97	6.4

通过分析表 3.4 数据可知，在基本养老保险覆盖率方面，楚雄州位居 30 个自治州榜首，2016 年全州基本养老保险覆盖率高达 84.72%，第二名是红河州（84.37%），前两名养老保险覆盖率较为接近，但第三的黔南州（68.79%）便出现较大降幅，低于第一名约 16 个百分点；排名第四至第十位的分别是果洛州（57.49%）、阿坝州（54.47%）、玉树州（53.1%）、文山州（52.58%）、黔西南（52.56%）、大理州（52%）、迪庆州（50.63%）。30 个自治州中基本养老保险覆盖率最低的是黄南州（5.6%），仅是楚雄州基本养老保险覆盖率的 1/15；排名倒数第二至第十位的分别是克州（6.55%）、湘西州（9.03%）、海西州（16.35%）、博州（20.29%）、伊犁州（33.63%）、巴州（34.55%）、甘孜州（36.79%）、凉山州（37.7%）、西双版纳州（39.58%）。可以发现，30 个自治州基本养老保险覆盖率均值仅有 44.47%，其中只有楚雄州和红河州超过 80%，整体而言基本养老保险覆盖率水平较低。

在医疗保障覆盖率方面，甘南州位居 30 个自治州榜首，2016 年全州医疗保障覆盖率高达 99.02%，排名第二至第十位的分别是海北州（96.87%）、甘孜州（95.01%）、阿坝州（94.7%）、玉树州（93.93%）、红河州（93.5%）、黄南州（88.58%）、黔东南州（88.26%）、湘西州（85.89%）、果洛州（85.46%）。30 个自治州中医疗保障覆盖率最低的是大理州（12.09%），排名倒数第二至第十位的分别是怒江州（13.60%）、克州（15.26%）、黔南州（17.82%）、迪庆州（21.88%）、伊犁州（23.97%）、楚雄州（25.29%）、博州（26.70%）、巴州（43.00%）、海西州（46.22%）。可以发现，30 个自治州医疗保障覆盖率极化现象较为明显，前十名平均医疗保障覆盖率达 92% 以上，而后十名平均医疗保障覆盖率仅有 24.58%。

在失业保险覆盖率方面，巴州位居 30 个自治州榜首，2016 年全州失业保险覆盖率为 13.94%，排名第二至第十位的分别是延边州（13.92%）、昌吉州（11.14%）、博州（8.63%）、克州（7.96%）、海西州（7.56%）、阿坝州（7.37%）、伊犁州（6.40%）、楚雄州（5.95%）、西双版纳州（5.47%）。30 个自治州中医疗保障覆盖率最低的是黔东南州（1.60%），排名倒数第二至第十位的分别是文山州（2.18%）、黔西南州（2.69%）、玉树州（3.00%）、果洛州（3.07%）、恩施州（3.39%）、黄南州（3.65%）、海南州（3.76%）、大理州（3.87%）、怒江州（3.95%）、临夏州（4.00%）。可以发现，30 个自治州失业保险覆盖率普遍较低，失业后持续发展能力不足。

三、生活质量

国外学者对交通通信在经济发展中的重要作用早有著述，亚当·斯密认为交通可以促进社会分工，一切改良中以交通改良最为有效。朱利安·西蒙指出，“如果经济发展的关键因素只有一个，那么它不是文化，也不是制度和心理特征，而是交通运输和通信系统”。国内学者也通过实证研究证明，城镇居民交通通信消费支出的增加会带来经济增长，通信消费支出对经济的拉动作用超过了交通消费支出。因此，扩大我国城镇居民交通通信消费支出不失为推动经济增长的一条重要路径。本研究选取公路旅客周转量作为考察民族自治州交通状况的指标，选取百人拥有电话数量作为考察民族自治州通信事业发展水平的指标。2010 年 30 个自治州公路旅客周转量为 5 118 327 万人千米，发展至 2016 年公路旅客周转量达到 10 470 981 万人千米，增长 104.58%，年均增长 12.67%；2010 年 30 个自治州每百人电话平均拥有数量为 68.51 部，近三分之一的群众没有通信工具，发展至 2016 年，每百人电话平均拥有数量达到 100.34 部。2016 年我国 30 个民族自治州公路旅客周转量及电话普及情况如表 3.5 所示。

表 3.5　2016 年民族自治州生活质量发展情况

自治州	2015 年公路旅客周转量		2015 年电话普及情况		2016 年公路旅客周转量		2016 年电话普及情况	
	周转量 / 万人千米	排名	百人电话数	排名	周转量 / 万人千米	排名	百人电话数	排名
延边	219 000	15	203.6	1	233 000	13	100	8
恩施	216 204	16	99.06	12	227 204	14	83.29	22
湘西	375 502	8	56.7	29	380 000	7	73.69	28
阿坝	301 054	10	99.22	11	265 384	12	87.4	19
凉山	281 274	11	111.03	8	307 138	9	76.14	26
甘孜	151 559	20	70.89	23	149 217	18	80.92	23
黔东南	1 290 000	2	71.59	22	1 396 000	2	70.17	29
黔南	2 383 300	1	85.46	18	3 021 200	1	99.29	9
黔西南	388 200	7	82.61	20	388 200	6	96.8	10
西双版纳	275 392	12	91.37	14	286 601	11	94.33	13
文山	638 108	4	66.04	26	709 579	4	92	15

续表

自治州	2015 年公路旅客周转量		2015 年电话普及情况		2016 年公路旅客周转量		2016 年电话普及情况	
	周转量 / 万人千米	排名	百人电话数	排名	周转量 / 万人千米	排名	百人电话数	排名
红河	261 602	13	80.97	21	103 783	19	79.2	24
德宏	114 780	22	105.33	10	103 783	20	90.1	17
怒江	48 157	25	62.42	28	52 684	24	79	25
迪庆	106 117	24	98.9	13	85 202	22	107	6
大理	968 881	3	—	—	826 500	3	112.4	5
楚雄	169 156	19	69.6	24	201 880	15	74.2	27
甘南	106 848	23	88.11	16	50 472	25	92.69	14
临夏	143 423	21	84.65	19	174 020	16	89.8	18
玉树	465 000	5	67.57	25	375 502	8	90.23	16
海南	195 400	17	91.05	15	89 662	21	96.11	11
黄南	258 800	14	118.93	6	26 600	27	124.29	4
海北	25 495	28	106.09	9	24 896.55	29	83.81	21
果洛	13 211	30	86.46	17	8 358.53	30	94.84	12
海西	18 082	29	135.59	3	70 583	23	150.41	3
昌吉	334 433	9	128.44	4	295 532	10	86.35	20
巴州	178 700	18	144.14	2	157 900	17	150.43	2
克州	38 400	27	64.74	27	25 300	28	66	30
博州	38 700	26	127.25	5	34 200	26	103.57	7
伊犁	453 300	6	111.42	7	400 600	5	285.86	1

分析表 3.5 数据可知，2016 年在公路旅客周转量的排名上，黔南州位居 30 个自治州榜首，达到 3 021 200 万人千米，是排名第二的黔东南州（1 396 000 万人千米）近 1.2 倍，排名第三至第十位的地区分别是大理州（826 500 万人千米）、文山州（709 579 万人千米）、伊犁州（400 600 万人千米）、黔西南州（388 200 万人千米）、湘西州（380 000 万人千米）、玉树州（375 502 万人千米）、凉山州（307 138 万人千米）、昌吉州（295 532 万人千米）。30 个民族自治州中，公路旅客周转量最小的是果洛州（8 358.53 万人千米），约

是黔南州的 1/361，倒数第二至第十位分别是海北州（24 896.55 万人千米）、克州（25 300 万人千米）、黄南州（26 600 万人千米）、博州（34 200 万人千米）、甘南州（50 472 万人千米）、怒江州（52 684 万人千米）、海西州（70 583 万人千米）、迪庆州（85202 万人千米）、海南州（89 662 万人千米）。与 2015 年相比，2016 年 30 个自治州公路旅客周转总量增加 12 903.08 万人千米。

在电话普及情况的排名上，伊犁州位居 30 个自治州榜首，平均每百人电话数达到 285.86 部，排名第二至第十位的地区分别是巴州（150.43 部）、海西州（150.41 部）、黄南州（124.29 部）、大理州（112.4 部）、迪庆州（107 部）、博州（103.57 部）、延边州（100 部）、黔南州（99.29 部）、黔西南州（96.8 部），其中前八名平均每百人电话数均超过 100。克州每百人电话数为 66 部，排名垫底，排名倒数第二至第十位的分别是黔东南州（70.17 部）、湘西州（73.69 部）、楚雄州（74.2 部）、凉山州（76.14 部）、怒江州（79 部）、红河州（79.2 部）、甘孜州（80.92 部）、恩施州（83.29 部）、海北州（83.81 部）。与 2015 年相比较，30 个自治州电话普及情况的优势团体发生一定变化，前十名中延边州由第一名跌落至第八名，昌吉州由第四名跌落至第二十名，伊犁州由第七名攀升至第一名，凉山州由第八名跌落至第二十六名，德宏州由第十名跌落至第十七名。

四、科教文卫事业

科教文卫事业是指科学技术、教育、文化和卫生事业。科学技术是第一生产力，教育是科学技术这一“第一生产力”的基础和源泉，文化和卫生事业的发展，直接关系到人民健康水平和物质文化水平的提高。世界各国的经济发展历程证明，人力资本的投资和科学技术对经济发展和增长的推动作用巨大，大力发展科教文卫事业能起到事半功倍的效果。在本研究中，分别选取一个具有代表性的指标用于衡量科教文卫事业的发展水平。其中，生均教育经费支出作为代表教育事业发展水平的指标；电视人口覆盖率、每 50 万人文化馆数作为代表文化事业水平的指标；每万人卫生机构人员数作为代表卫生事业发展状况的指标。自治州人均教育经费投入由 2010 年的 1021.25 元增加至 2016 年的 2933.10 元，增长 187.21%，年均增长 19.22%；每十万人专利数量由 7.23 项增加至 30.16 项，增长 317.15%，年均增长 26.88%；电视人口平均覆盖率由 93.11% 增加至 97.41%，增加 4.30 个百分点。每千人病床数由 3.16 张增加至 5.52 张，增长 74.69%。我国 30 个民族自治州 2016 年的科教文卫事业发展情况如

表 3.6 所示。

表 3.6　2016 年我国 30 个民族自治州科教文卫事业发展情况

自治州	生均教育经费支出		电视人口覆盖率		每 50 万人文化馆数		每万人卫生机构人员数	
	支出 / 元	排名	覆盖率 /%	排名	文化馆数 / 个	排名	人员 / 人	排名
延边	19 972.26	5	98.75	7	2.12	19	64	8
恩施	9 955.64	22	99.56	4	1.11	29	51.73	15
湘西	7 621.07	27	98	16	1.51	25	50.72	16
阿坝	18 718.04	8	98.2	13	7.61	5	66.24	7
凉山	11 035.19	18	91.7	30	1.76	22	41.72	26
甘孜	23 635	2	96.44	22	8.63	3	85.26	1
黔东南	11 830.46	16	96.53	21	1.78	21	47.25	19
黔南	11 477.17	17	95.46	25	1.67	24	47.25	20
黔西南	12 614.66	15	95.2	27	1.43	26	40	28
西双版纳	10 260.28	19	99.14	5	1.71	23	76.37	3
文山	7 446.61	28	97.7	19	1.11	30	43.42	23
红河	8 213.2	24	98.3	10	1.42	27	44.32	22
德宏	9 506.61	23	97.8	18	2.32	17	55.23	14
怒江	16 155.69	11	95.24	26	4.6	11	43.38	24
迪庆	16 672.52	10	98.4	9	3.66	14	61.78	9
大理	7 628.71	26	99.85	3	1.94	20	46.18	21
楚雄	10 137.08	21	98.02	15	3.27	15	84.16	2
甘南	7 783.17	25	100	1	6.34	9	60.15	10
临夏	10 251	20	98	17	2.31	18	25.87	30
玉树	15 973.74	12	94.82	28	7.43	6	48.43	17
海南	15 587.31	13	96	23	6.41	8	37	29
黄南	22 348.06	3	95.76	24	9.21	2	41.44	27
海北	17 665.52	9	100	2	7.11	7	47.33	18
果洛	4 848.72	29	98.25	12	17.63	1	42.47	25
海西	20 684.56	4	98.61	8	7.8	4	59.97	11

续表

自治州	生均教育经费支出		电视人口覆盖率		每 50 万人文化馆数		每万人卫生机构人员数	
	支出 / 元	排名	覆盖率 /%	排名	文化馆数 / 个	排名	人员 / 人	排名
昌吉	15 020.08	14	98.3	11	2.5	16	70.91	5
巴州	18 912.31	6	98.87	6	4.35	12	71.91	4
克州	18 801.97	7	94.6	29	4.15	13	56.49	13
博州	26 009.13	1	98.12	14	6.28	10	68.39	6
伊犁	296.65	30	96.82	20	1.18	28	56.84	12

分析表 3.6 数据可知，在我国 30 个民族自治州中，生均教育经费支出最高的是博州，生均支出 26 009.13 元，甘孜州紧随其后，生均支出 23 635 元，排名第三至第十位的地区分别黄南州（22 348.06 元）、海西州（20 684.56 元）、延边州（19 972.26 元）、巴州（18 912.31 元）、克州（18 801.97 元）、阿坝州（18 718.04 元）、海北州（17 665.52）、迪庆州（16 672.52 元）。生均教育经费支出最低的是伊犁州（296.65 元），约是博州的 1/88，排名倒数第二至第十位分别是果洛州（4 848.72 元）、文山州（7 446.61 元）、湘西州（7 621.07 元）、大理州（7 628.71 元）、甘南州（7 783.17 元）、红河州（8 213.2 元）、德宏州（9 506.61 元）、恩施州（9 955.64 元）、楚雄州（10 137.08 元）。

电视人口覆盖率最高的是甘南州和海北州，均达到 100%。排名第三至第十位分别是大理州（99.85%）、恩施州（99.56%）、西双版纳州（99.14%）、巴州（98.87%）、延边州（98.75%）、海西州（98.61%）、迪庆州（98.40%）、红河州（98.3%）。电视人口覆盖率最低的是凉山州（91.70%），排名倒数第二至第十位分别是克州（94.60%）、玉树州（94.82%）、黔西南州（95.20%）、怒江州（95.24%）、黔南州（95.46%）、黄南州（95.76%）、海南州（96%）、甘孜州（96.44%）、黔东南州（96.53%）。

每 50 万人文化馆数最多的是果洛州（17.63 个），排名第二至第十位分别是黄南州（9.21 个）、甘孜州（8.63 个）、海西州（7.80 个）、阿坝州（7.61 个）、玉树州（7.43 个）、海北州（7.11 个）、海南州（6.41 个）、甘南州（6.34 个）、博州（6.28 个）。每 50 万人文化馆数最少的是文山州和恩施州（1.11 个），排名倒数第三至第十位分别是伊犁州（1.18 个）、红河州（1.42 个）、黔西南州（1.43 个）、湘西州（1.51 个）、黔南州（1.67 个）、西双版纳州（1.71 个）、凉山州（1.76 个）、黔东南州（1.78 个）。

每万人卫生机构人员数最多的是甘孜州（85.26 个），排名第二至第十位分别是楚雄州（84.16 人）、西双版纳州（76.37 人）、巴州（71.91 人）、昌吉州（70.91 人）、博州（68.39 人）、阿坝州（66.24 人）、延边州（64.00 人）、迪庆州（61.78 人）、甘南州（60.15 人）。每万人卫生机构人员数最少的是临夏州（25.87 个），排名倒数第二至第十位分别是海南州（37.00 个）、黔西南州（40.00 人）、黄南州（41.44 人）、凉山州（41.72 人）、果洛州（42.47 人）、怒江州（43.38 人）、文山州（43.42 人）、红河州（44.32 个）、大理州（46.18 人）。

五、资源环境

建设生态文明，关系人民福祉、关乎民族未来，是中华民族实现永续发展的长远大计，是当下中国特色社会主义五位一体总体布局的重要组成部分。在这一背景下，加强环境保护，提高资源利用效率的意义非常重大。为考察民族自治州的资源利用与环境保护情况，并考虑数据的可获取性，本研究选择了单位 GDP 能耗和森林覆盖率两个指标。其中，单位 GDP 能耗是指一定时期内一个国家（地区）每生产一个单位的国内（地区）生产总值所消耗的能源，一般以吨标准煤 / 万元为单位。单位 GDP 能耗降低率则是相对于上一年度单位 GDP 能耗的同比下降降低率，主要用于测度评价能源利用效率。森林覆盖率主要用来分析环境保护情况。2016 年 30 个民族自治州资源利用与环境保护情况如表 3.7 所示。

表 3.7　2016 年我国 30 个民族自治州资源利用与环境保护情况

自治州	单位 GDP 能耗情况		森林覆盖情况	
	能耗 /（吨标准煤 / 万元）	排名	覆盖率 /%	排名
延边	3.04	28	80.8	1
恩施	0.55	5	70.1	6
湘西	1.57	20	70.24	5
阿坝	1.21	17	25.3	18
凉山	2.66	25	43	15
甘孜	1.52	19	33.9	16
黔东南	1.68	21	65	9

续表

自治州	单位 GDP 能耗情况		森林覆盖情况	
	能耗 /（吨标准煤 / 万元）	排名	覆盖率 /%	排名
黔南	1.03	13	56	11
黔西南	1.08	14	50.1	13
西双版纳	2.69	26	79.3	2
文山	1.43	18	50.4	12
红河	2.71	27	49.5	14
德宏	2.64	24	68.78	7
怒江	2.05	22	75.31	3
迪庆	0.66	6	74.95	4
大理	1.13	16	60.81	10
楚雄	1.11	15	65.86	8
甘南	2.35	23	31.39	17
临夏	0.81	9	17	20
玉树	1	11	2.1	30
海南	0.1	1	10.41	25
黄南	0.67	7	19.32	19
海北	5.7	30	17	21
果洛	1	12	12.9	24
海西	0.18	2	3.5	28
昌吉	0.35	3	13.9	23
巴州	0.9	10	2.26	29
克州	0.47	4	3.88	27
博州	0.78	8	9.1	26
伊犁	3.2	29	16.48	22

分析表 3.7 数据可知，在我国 30 个民族自治州中，单位 GDP 能耗最低的是海南州（0.1 吨标准煤 / 万元），排名第二至第十位分别是海西州（0.18 吨标准煤 / 万元）、昌吉州（0.35 吨标准煤 / 万元）、克州（0.47 吨标准煤 / 万元）、

恩施州（0.55 吨标准煤 / 万元）、迪庆州（0.66 吨标准煤 / 万元）、黄南州（0.67 吨标准煤 / 万元）、博州（0.78 吨标准煤 / 万元）、临夏州（0.81 吨标准煤 / 万元）、巴州（0.9 吨标准煤 / 万元）。单位 GDP 能耗最高的是海北州（5.7 吨标准煤 / 万元），排名倒数第二至第十位分别是伊犁州（3.2 吨标准煤 / 万元）、延边州（3.04 吨标准煤 / 万元）、红河州（2.71 吨标准煤 / 万元）、西双版纳州（2.69 吨标准煤 / 万元）、凉山州（2.66 吨标准煤 / 万元）、德宏州（2.64 吨标准煤 / 万元）、甘南州（2.35 吨标准煤 / 万元）、怒江州（2.05 吨标准煤 / 万元）、黔东南州（1.68 吨标准煤 / 万元）。

森林覆盖率最高的是延边州，达到 80.8%，排名第二至第十位分别是西双版纳州（79.30%）、怒江州（75.31%）、迪庆州（74.95%）、湘西州（70.24%）、恩施州（70.10%）、德宏州（68.78%）、楚雄州（65.86%）、黔东南州（65.00%）、大理州（60.81%）。森林覆盖最低的是玉树州，仅为 2.1%，约是延边州的 1/39，排名倒数第二至第十位分别是巴州（2.26%）、海西州（3.50%）、克州（3.88%）、博州（9.10%）、海南州（10.41%）、果洛州（12.90%）、昌吉州（13.90%）、伊犁州（16.48%）、海北州（17.00%）。

第四章
2016 年民族自治州发展的综合评估与分析

一、数据处理与模型过程

运用 SPSS13.0 软件，求各个指标的特征向量、特征根和方差贡献率。由累计贡献率可知，前 9 个样本的累计贡献率 81.290%（表 4.1），接近于 85% 的值，所以本研究根据 $E \geqslant 85\%$ 准则确定主成分的个数。根据 $\lambda_m > \lambda$ 准则，由前 m 个特征根与其均值的大小确定主成分个数。由于我们在 SPSS 软件中设定主成分特征值均值必须大于 1，而第 9 特征根 1.081>1，所以我们选取前 9 个主成分，并用 F_1，F_2，F_3、F_4、F_5、F_6、F_7、F_8、F_9 表示。其中第一主成分解释的信息量占总信息的 27.274%，第二主成分解释的信息占总信息的 14.081%，第三主成分占 7.652%，第四个主成分占 7.380%，第五个主成分占 5.697%，第六个主成分占 5.440%，第七个主成分占 5.245%，第八个主成分占 4.724%，第九个主成分占 3.859%，9 个主成分对总体解释程度达 81.290%，因此在研究中采用 9 个主成分对主体进行评价（表 4.2 和表 4.3）。

表 4.1　各主成分的特征值、贡献率和累计贡献率

项目	Total	% of Variance	Cumulative %
1	7.637	27.274	27.274
2	3.925	14.018	41.292
3	2.143	7.652	48.944
4	2.066	7.380	56.324
5	1.595	5.697	62.022
6	1.523	5.440	67.462

续表

项目	Total	% of Variance	Cumulative %
7	1.469	5.245	72.707
8	1.323	4.724	77.431
9	1.081	3.859	81.290

表 4.2 主成分初始因子载荷矩阵

指标	主成分 1	主成分 2	主成分 3	主成分 4	主成分 5	主成分 6	主成分 7	主成分 8	主成分 9
人均 GDP	0.902	0.166	−0.117	−0.125	−0.02	0.165	−0.015	0.176	−0.081
人均地方财政收入	0.763	0.094	−0.309	−0.172	0.009	0.184	0.068	0.381	−0.087
经济密度	−0.44	0.728	−0.221	0.061	0.084	0.12	0.158	0.079	−0.098
人均固定资产投资	0.844	0.041	0.034	−0.09	0.075	0.079	0.256	0.22	−0.166
第二产业所占比重	0.713	0.013	−0.183	0.383	0.076	0.31	0.154	0.099	0.027
第三产业所占比重	−0.58	0.141	0.097	−0.612	0.096	−0.162	0.027	−0.062	−0.032
基本养老保险覆盖率	−0.268	0.39	0.409	0.396	−0.088	−0.081	0.457	0.173	−0.147
医疗保障覆盖率	−0.235	−0.293	0.125	0.482	0.550	0.022	−0.204	0.329	0.134
失业保险覆盖率	0.767	0.230	0.100	−0.163	0.120	−0.087	−0.229	−0.283	0.101
人均最低生活保障支出	0.398	0.345	0.067	0.100	−0.253	−0.458	0.136	−0.197	0.491
城镇居民人均可支配收入	0.540	0.018	0.274	0.329	−0.385	0.204	0.356	0.093	0.124
农村居民人均纯收入	0.777	0.315	0.133	0.107	−0.145	−0.004	−0.263	0.047	−0.016
城镇人均建筑面积	−0.093	0.212	−0.329	0.646	0.139	0.079	−0.304	−0.098	0.117
农村人均住房面积	0.231	0.664	−0.454	0.046	0.189	−0.265	−0.072	−0.079	−0.167
公路旅客周转量	−0.228	0.463	−0.388	0.088	−0.396	0.026	0.248	−0.009	0.246
人均社会消费品零售总额	0.604	0.483	0.027	−0.059	0.285	0.260	−0.180	−0.040	0.266
每百户电话拥有量	0.302	0.017	0.050	−0.106	−0.661	0.030	−0.565	0.196	−0.076
十万人授权专利	0.521	0.346	−0.178	−0.155	0.219	−0.425	0.013	0.232	−0.004
在校生均教育经费支出	0.539	−0.381	−0.096	−0.131	0.301	0.257	0.174	−0.430	0.168

续表

指标	主成分 1	主成分 2	主成分 3	主成分 4	主成分 5	主成分 6	主成分 7	主成分 8	主成分 9
电视人口覆盖率	0.235	0.247	0.553	−0.206	0.156	−0.231	0.010	0.294	−0.030
每万人文化馆数	0.209	−0.772	0.200	0.201	−0.018	−0.127	0.179	0.039	0.123
万人报纸印数	0.691	−0.555	−0.194	−0.175	−0.03	0.089	0.012	−0.152	−0.001
每千人病床数	0.373	0.22	0.356	0.214	0.155	0.005	0.028	−0.288	−0.546
每万人卫生机构人员	0.532	0.133	0.478	−0.315	0.087	0.079	0.152	−0.047	0.195
单位 GDP 能耗	−0.24	0.159	0.502	0.087	0.069	0.166	−0.43	0.215	0.245
工业废水排放达标率	−0.516	0.23	0.079	−0.262	−0.146	0.685	−0.036	−0.044	−0.082
耕地面积指数	−0.255	−0.327	−0.349	−0.317	0.140	0.022	0.144	0.516	0.188
森林覆盖率	−0.449	0.643	0.151	−0.157	0.196	0.285	0.162	−0.064	0.245

表 4.3　旋转后的因子负荷矩阵

指标	主成分 1	主成分 2	主成分 3	主成分 4	主成分 5	主成分 6	主成分 7	主成分 8	主成分 9
人均 GDP	0.326	0.084	−0.080	−0.087	−0.016	0.134	−0.012	0.153	−0.078
人均地方财政收入	0.276	0.047	−0.211	−0.120	0.007	0.149	0.056	0.331	−0.084
经济密度	−0.159	0.367	−0.151	0.042	0.066	0.097	0.130	0.069	−0.094
人均固定资产投资	0.305	0.021	0.023	−0.063	0.059	0.064	0.211	0.191	−0.160
第二产业所占比重	0.258	0.007	−0.125	0.266	0.060	0.251	0.127	0.086	0.026
第三产业所占比重	−0.210	0.071	0.066	−0.426	0.076	−0.131	0.022	−0.054	−0.031
基本养老保险覆盖率	−0.097	0.197	0.279	0.275	−0.070	−0.066	0.377	0.150	−0.141
医疗保障覆盖率	−0.085	−0.148	0.085	0.335	0.435	0.018	−0.168	0.286	0.129
失业保险覆盖率	0.278	0.116	0.068	−0.113	0.095	−0.070	−0.189	−0.246	0.097
人均最低生活保障支出	0.144	0.174	0.046	0.070	−0.200	−0.371	0.112	−0.171	0.472
城镇居民人均可支配收入	0.195	0.009	0.187	0.229	−0.305	0.165	0.294	0.081	0.119
农村居民人均纯收入	0.281	0.159	0.091	0.074	−0.115	−0.003	−0.217	0.041	−0.015
城镇恩格尔系数	−0.034	0.107	−0.225	0.449	0.110	0.064	−0.251	−0.085	0.113

续表

指标	主成分 1	主成分 2	主成分 3	主成分 4	主成分 5	主成分 6	主成分 7	主成分 8	主成分 9
乡村恩格尔系数	0.084	0.335	−0.310	0.032	0.150	−0.215	−0.059	−0.069	−0.161
公路旅客周转量	−0.083	0.234	−0.265	0.061	−0.313	0.021	0.205	−0.008	0.237
人均社会消费品零售总额	0.219	0.244	0.018	−0.041	0.226	0.211	−0.149	−0.035	0.256
每百户电话拥有量	0.109	0.009	0.034	−0.074	−0.523	0.024	−0.466	0.170	−0.073
十万人授权专利	0.189	0.175	−0.122	−0.108	0.173	−0.344	0.011	0.202	−0.004
在校生均教育经费支出	0.195	−0.192	−0.066	−0.091	0.238	0.208	0.144	−0.374	0.162
电视人口覆盖率	0.085	0.125	0.378	−0.143	0.123	−0.187	0.008	0.256	−0.029
每万人文化馆数	0.076	−0.390	0.137	0.140	−0.014	−0.103	0.148	0.034	0.118
万人报纸印数	0.250	−0.280	−0.133	−0.122	−0.024	0.072	0.010	−0.132	−0.001
每千人病床数	0.135	0.111	0.243	0.149	0.123	0.004	0.023	−0.251	−0.525
每万人卫生机构人员	0.193	0.067	0.327	−0.219	0.069	0.064	0.125	−0.041	0.188
单位 GDP 能耗	−0.087	0.080	0.343	0.061	0.055	0.134	−0.355	0.187	0.236
工业废水排放达标率	−0.187	0.116	0.054	−0.182	−0.116	0.555	−0.030	−0.038	−0.079
耕地面积指数	−0.092	−0.165	−0.238	−0.221	0.111	0.018	0.119	0.449	0.181
森林覆盖率	−0.162	0.325	0.103	−0.109	0.155	0.231	0.134	−0.056	0.236

由表 4.3，利用初始因子载荷矩阵的数据除以主成分相对应的特征值开平方根便得到主成分中每个主成分系数，由此可以写出 9 个主成分的表达式：

$F_1=0.326X_1+0.276X_2-0.159X_3+0.305X_4+0.258X_5-0.210X_6-0.097X_7-0.085X_8+0.278X_9+0.144X_{10}+0.195X_{11}+0.281X_{12}-0.034X_{13}+0.084X_{14}-0.0837X_{15}+0.219X_{16}+0.109X_{17}+0.189X_{18}+0.195X_{19}+0.085X_{20}+0.076X_{21}+0.250X_{22}+0.135X_{23}+0.193X_{24}-0.087X_{25}-0.187X_{26}-0.092X_{27}-0.162X_{28}$

……

$F_9=-0.078X_1-0.084X_2-0.094X_3-0.160X_4+0.026X_5-0.031X_6-0.141X_7+0.129X_8+0.097X_9+0.472X_{10}+0.119X_{11}-0.015X_{12}+0.113X_{13}-0.161X_{14}+0.237X_{15}+0.256X_{16}-0.073X_{17}-0.004X_{18}+0.162X_{19}-0.029X_{20}+0.118X_{21}-0.001X_{22}-0.525X_{23}+0.188X_{24}+0.236X_{25}-0.079X_{26}+0.181X_{27}+0.236X_{28}$

二、综合评价与对比分析

（一）综合评价结果与分析

按照自治州发展评价指标体系，课题组搜集了2016年度全国30个民族自治州的相关数据，运用主成分分析法，测算出各自综合评价值，并按分值高低排序，具体结果见表4.4。从综合评价与具体五大方面评价得分的变异系数（变异系数为一组数据的标准差除以其平均值，用来反映这组数据的变异程度或波动程度）来看，经济发展（60.59%）>科教文卫（51.22%）>社会保障（50.70%）>生活质量（47.74%）>综合评价（40.13%）>资源环境（36.16%）。各组评分数据的变异系数反映，各民族自治州经济发展差异最大，而资源环境差距最小（表4.5）。资源环境在民族自治州内部差距最小，反映国家在绿色发展和环保方面的刚性要求已经得到明显体现，这与现实情况也是一致的。

表4.4　2016年我国30个民族自治州发展评价值及排名

自治州	综合排名		经济发展		社会保障		生活质量		科教文卫		资源环境	
	得分	名次	得分	名次	得分	名次	得分	名次	得分	名次	得分	名次
昌吉	99.10	1	69.07	2	72.32	4	99.10	1	98.42	2	10.10	30
延边	89.75	2	38.97	6	72.86	3	82.84	3	65.31	9	72.91	8
海西	88.77	3	99.10	1	39.32	12	58.70	6	83.55	4	45.17	21
巴州	81.99	4	55.39	3	64.69	6	67.54	4	91.01	3	18.21	29
楚雄	79.93	5	35.63	8	69.67	5	40.94	19	99.10	1	78.12	3
红河	69.20	6	35.68	7	35.62	16	38.11	21	35.84	20	65.23	14
阿坝	69.02	7	31.22	13	37.82	14	48.76	15	66.64	7	27.92	28
海北	66.20	8	31.53	11	28.16	22	34.27	22	57.51	10	57.24	17
西双版纳	65.37	9	24.26	17	32.01	18	57.80	8	65.53	8	82.90	2
大理	59.73	10	24.60	16	99.10	1	56.42	11	43.76	15	59.51	15
甘孜	56.99	11	22.91	19	30.17	21	10.10	30	72.23	6	55.81	18
迪庆	56.48	12	41.05	5	53.63	10	30.29	23	42.12	16	75.37	7
恩施	53.94	13	22.55	20	35.93	15	50.97	13	51.65	13	77.05	5
凉山	52.96	14	27.06	14	23.91	25	60.86	5	10.10	30	66.86	13

续表

自治州	综合排名		经济发展		社会保障		生活质量		科教文卫		资源环境	
	得分	名次	得分	名次	得分	名次	得分	名次	得分	名次	得分	名次
博州	52.04	15	43.74	4	54.43	9	41.28	18	73.77	5	46.13	20
德宏	51.80	16	19.62	22	33.14	17	58.60	7	38.09	18	67.12	12
海南	51.71	17	34.16	9	31.07	19	56.47	10	38.73	17	28.42	27
黔南	49.92	18	31.32	12	73.61	2	94.43	2	23.62	25	71.45	10
文山	43.49	19	17.84	25	23.62	26	46.85	17	20.38	27	71.94	9
黔东南	43.01	20	25.14	15	21.59	28	48.81	14	28.15	24	77.45	4
黔西南	41.64	21	31.59	10	24.95	24	39.68	20	16.58	29	69.91	11
果洛	38.56	22	18.83	23	38.14	13	16.83	28	29.45	23	37.00	26
黄南	36.85	23	20.57	21	10.10	30	56.79	9	46.99	14	42.57	24
伊犁	35.40	24	23.07	18	57.06	8	47.28	16	34.05	21	53.93	19
湘西	35.20	25	16.00	26	10.38	29	52.67	12	36.53	19	99.10	1
甘南	34.60	26	10.88	29	22.71	27	17.23	27	56.35	11	58.50	16
玉树	33.38	27	12.85	28	25.94	23	20.82	25	17.85	28	44.34	22
怒江	28.21	28	18.19	24	60.73	7	17.23	26	32.13	22	75.72	6
克州	16.85	29	15.15	27	50.02	11	14.56	29	55.00	12	44.25	23
临夏	10.10	30	10.10	30	31.04	20	29.44	24	21.07	26	38.22	25

表 4.5　2010 ~ 2016 年我国民族自治州发展评价得分排名及位次变化

自治州	所在省份	排名		排名变化
		2016 年	2010 年	
昌吉	新疆	1	4	+3
延边	吉林	2	1	–1
海西	青海	3	6	+3
巴州	新疆	4	2	–2
楚雄	云南	5	10	+5
红河	云南	6	17	+11
阿坝	四川	7	5	–2
海北	青海	8	24	+16

续表

自治州	所在省份	排名		排名变化
		2016 年	2010 年	
西双版纳	云南	9	3	−6
大理	云南	10	15	+5
甘孜	四川	11	16	+5
迪庆	云南	12	7	−5
恩施	湖北	13	13	不变
凉山	四川	14	14	不变
博州	新疆	15	11	−4
德宏	云南	16	9	−7
海南	青海	17	23	+6
黔南	贵州	18	12	−6
文山	云南	19	21	+2
黔东南	贵州	20	19	−1
黔西南	贵州	21	25	+4
果洛	青海	22	27	+5
黄南	青海	23	29	+6
伊犁	新疆	24	22	−2
湘西	湖南	25	8	−17
甘南	甘肃	26	20	−6
玉树	青海	27	30	+3
怒江	云南	28	18	−10
克州	新疆	29	26	−3
临夏	甘肃	30	28	−2

注：“+”表示排名上升，“−”表示排名下降。

进一步，对各自治州发展综合评价得分构造直方图（图 4.1），可以更为清晰地反映各民族自治州的总体发展状况及各自所处的相对发展水平。

通过评价发现，综合发展水平最高的是昌吉州，评价得分为 99.1，较第二名的延边州高出 10.42%。究其原因，首先从地理区位优势来看，昌吉

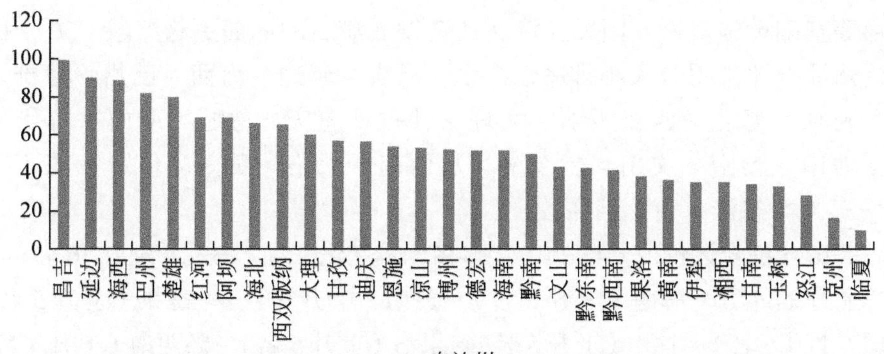

图 4.1　2016 年民族自治州综合发展水平排序

州地处天山北麓、准噶尔盆地东南缘，东邻哈密地区，西接石河子市，南与吐鲁番地区、巴州毗连，北与塔城、阿勒泰地区接壤，东北与蒙古国交界，是古代举世闻名的“丝绸之路”通往中亚、欧洲诸国的必经之路，是新疆西部大开发扶优扶强、在天山北坡经济带中首批推出的重点城市。其次，从产业发展来看，昌吉州是新疆工业经济相对集中、较为发达的地区，已初步形成以机电、农副产品加工、建筑建材、化工、轻纺、能源等为骨干的门类齐全、基础扎实的工业体系。作为乌鲁木齐经济圈中的重要城市和乌鲁木齐市的卫星城，已与新疆最大的消费市场和物流集散地乌鲁木齐市融为一体，可以最大限度地接收其能量辐射、经济延伸和科技依托，是辐射全疆、东联内地、西出中亚、欧洲市场的黄金通道和桥头堡。乌鲁木齐 - 昌吉核心区域是新疆最大的消费市场，是全疆最具活力、最具发展潜力的经济区域。延边州位于经济较为发达的吉林省，且地域辽阔、资源丰富，区位优势和政策优势明显。首先，延边州借助国家对边境地区的政策扶持，加快边境口岸、空港和铁路、公路、江堤等对外通道和基础设施建设，发展对俄、对韩、对朝贸易合作，拉动出口加工业；其次，在政策上，延边州已经受惠于图们江开发和西部大开发等特殊政策，这些政策为延边经济的发展起到了重大的推动作用；再次，振兴东北老工业基地，使延边州面临的政策机遇和有利条件更加集中，与其他自治州相比，这些政策和有利条件构成了延边州经济发展的特有优势。综合得分排名最低的是临夏州，为 10.10 分。究其现实原因来看，临夏州地处黄土高原过渡带、冷暖干湿气候过渡带、农牧区过渡带的“三过渡”地带。呈西南高、东北低的倾斜盆地状，平均海拔 2000 米，高寒阴湿区、干旱山区和川塬区大体各占三分之一。自然条件严酷，人地矛盾突出，农业基础脆弱，自然灾害频繁。境内矿产资源储量不大，不沿边、不沿海，远离中心经济带，人才技术匮乏，信息闭塞，境内交通等基础设施落后，国民经济和社会发展滞后的局面更趋严峻。30个民族自治州综合评价得分大小排序依次为：昌吉 > 延边 > 海西 > 巴州 > 楚雄 > 红河 > 阿坝 > 海北 > 西双版纳 > 大理 > 甘孜 > 迪庆 > 恩施 > 凉山 > 博州 > 德宏 > 海南 > 黔南 > 文山 > 黔东南 > 黔西南 > 果洛 > 黄南 > 伊犁 > 湘西 > 甘南 > 玉树 > 怒江 > 克州 > 临夏。

2016年综合评价得分与2010年排名比较变化来看，海北（上升16名）> 红河（上升11名）> 海南（上升6名）= 黄南（上升6名）> 楚雄（上升5名）= 大理（上升5名）= 甘孜（上升5名）= 果洛（上升5名）> 黔西南（上升4名）> 昌吉（上升3名）= 海西（上升3名）= 玉树（上升3名）> 文山（上升2名）> 恩施（排名不变）= 凉山（排名不变）> 延边（下降1名）= 黔东南（下降1名）> 巴州（下降2名）= 阿坝（下降2名）= 伊犁（下降2名）= 临夏（下降2名）> 克州（下降3名）> 博州（下降4名）> 迪庆（下降5名）> 西双版纳（下降6名）= 黔南（下降6名）= 甘南（下降6名）> 德宏（下降7名）> 怒江（下降10名）> 湘西（下降17名）。

（二）综合评价结果空间特征分析

从表4.5中可以看出民族自治州2016年综合发展的水平存在较大差异，为了进一步分析其差异的规律特征，对2016年30个民族自治州进行聚类分析。对民族自治州2016年发展的综合评估水平进行区域分异，并对分异特征进行描述。利用SPSS13.0软件聚类结果进行方差分析表明 F=99.885，sig.=0.000，整体聚类效果较好。因此将30个自治州聚类成3类区域（表4.6、图4.2）。

从表4.6可以看出，2016年我国民族自治州区域发展呈现较为明显的空间聚集特征。从分类结果来看，绝对优势区有：昌吉、延边、海西、巴州和楚雄5个自治州，主要位于东部口岸地区、交通和经济走廊以及高原盆地资源汇聚区；相对优势区有：红河、阿坝、海北、西双版纳、大理、甘孜、迪庆、恩施、凉山、博州、德宏、海南和黔南13个自治州，主要位于高原和内陆的过渡带、西南沿边地区；相对劣势区有：文山、黔东南、黔西南、果洛、黄南、伊犁州、湘西、甘南、玉树和怒江10个自治州，主要位于高原地区、中西部落后山区；绝对劣势区有：克州、临夏2个自治州，主要位于西北沿边地区和黄土高原地区，自然资源和地理劣势明显，发展较为落后。

表 4.6　2016 年民族自治州综合发展水平的区域分类及特征

类别	地区	特征
Ⅰ类区域（绝度优势区）	昌吉、延边、海西、巴州、楚雄	主要位于东部口岸地区、交通和经济走廊以及高原盆地资源汇聚区
Ⅱ类区域（相对优势区）	红河、阿坝、海北、西双版纳、大理、甘孜、迪庆、恩施、凉山、博州、德宏、海南、黔南	主要位于高原和内陆的过渡带、西南沿边地区
Ⅲ类区域（相对劣势区）	文山、黔东南、黔西南、果洛、黄南、伊犁州、湘西、甘南、玉树、怒江	主要位于高原地区、中西部落后山区
Ⅳ类区域（绝对劣势区）	克州、临夏	主要位于西北沿边地区和黄土高原地区

三、具体各方面评价与对比分析

（一）经济发展方面评价与分析

从经济发展方面来看，经济发展评价得分排名第一为海西州，评价得分为 99.1，远高于排名第二名的昌吉州（评价得分为 69.07）。除海西、昌吉州外，其他 28 个自治州评价得分均在 60 分以下。各民族自治州得分排名依次为：海西 > 昌吉 > 巴州 > 博州 > 迪庆 > 延边 > 红河 > 楚雄 > 海南 > 黔西南 > 海北 > 黔南 > 阿坝 > 凉山 > 黔东南 > 大理 > 西双版纳 > 伊犁 > 甘孜 > 恩施 > 黄南 > 德宏 > 果洛 > 怒江 > 文山 > 湘西 > 克州 > 玉树 > 甘南 > 临夏（表 4.7）。从与 2010 年排名位次比较来看，2016 年巴州、海西等 16 个自治州经济发展评价得分排名位次较 2010 年上升，大理州、迪庆等 14 个自治州 2016 年经济发展排名位次较 2010 年下降（表 4.7，图 4.2）。具体来看：巴州（上升 25 名）> 海西 = 昌吉（上升 21 名）> 海南（上升 15 名）> 海北（上升 14 名）> 楚雄（上升 11 名）> 黄南（上升 9 名）> 伊犁（上升 8 名）> 博州（上升 6 名）> 红河 = 果洛（上升 4 名）> 凉山（上升 3 名）> 黔南（上升 2 名）> 黔东南 = 西双版纳 = 玉树（上升 1 名）> 大理（下降 1 名）> 迪庆 = 延边（下降 4 名）> 黔西南 = 文山（下降 5 名）> 克州（下降 6 名）> 恩施（下降 7 名）> 阿坝（下降 10 名）> 甘孜（下降 11 名）> 怒江（下降 12 名）> 德宏（下降 13 名）> 湘西（下降 22 名）> 甘南 = 临夏（下降 23 名）。

表 4.7　2010 ~ 2016 年我国民族自治州经济发展评价得分排名及位次变化

自治州	经济发展	2016 排名	2012 排名	2010 排名	排名变化	具体描述
海西	99.10	1	1	22	+21	快速上升，保持稳定
昌吉	69.07	2	5	23	+21	快速上升，保持稳定
巴州	55.39	3	3	28	+25	快速上升，保持稳定
博州	43.74	4	23	10	+6	先下降后上升
迪庆	41.05	5	11	1	−4	先下降后上升
延边	38.97	6	6	2	−4	略微下降
红河	35.68	7	9	11	+4	稳步上升
楚雄	35.63	8	13	19	+11	稳步上升
海南	34.16	9	7	24	+15	先快速上升后略微下降
黔西南	31.59	10	17	5	−5	先快速下降后上升
海北	31.53	11	8	25	+14	先快速上升后略微下降
黔南	31.32	12	14	14	+2	略微上升
阿坝	31.22	13	10	3	−10	显著下降
凉山	27.06	14	12	17	+3	略微上升
黔东南	25.14	15	21	16	+1	先下降后上升
大理	24.60	16	15	15	−1	基本稳定
西双版纳	24.26	17	27	18	+1	先下降后上升
伊犁	23.07	18	20	26	+8	稳步上升
甘孜	22.91	19	19	8	−11	显著下降
恩施	22.55	20	24	13	−7	先下降后略微上升
黄南	20.57	21	25	30	+9	稳步上升
德宏	19.62	22	22	9	−13	显著下降
果洛	18.83	23	4	27	+4	先快速上升后快速下降
怒江	18.19	24	26	12	−12	显著下降
文山	17.84	25	16	20	−5	先上升后下降
湘西	16.00	26	18	4	−22	显著下降
克州	15.15	27	30	21	−6	显著下降
玉树	12.85	28	2	29	+1	先快速上升后快速下降
甘南	10.88	29	29	6	−23	显著下降
临夏	10.10	30	28	7	−23	显著下降

注：“+”为上升，“−”为下降。

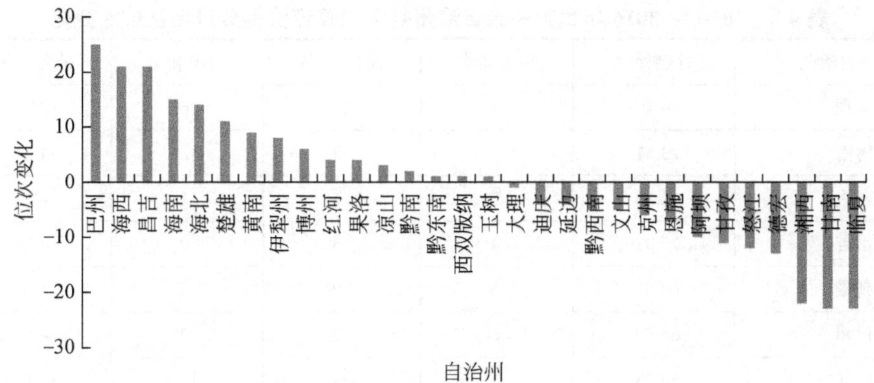

图 4.2　2016 年民族自治州经济发展评价排序较 2010 年位次变化

（二）社会保障方面评价与分析

从社会保障方面来看，社会保障评价得分排名第一为大理，坚持“以民为本，为民解困，为民服务”宗旨，坚持扩面增效，积极探索并切实推进了城乡社会救助体系建设，逐步建立起了以城市低保、农村低保、五保供养、城乡医疗救助、城市生活无着流浪乞讨人员救助等为主要内容的城乡社会保障体系。各民族自治州得分排名依次为：大理 > 黔南 > 延边 > 昌吉 > 楚雄 > 巴州 > 怒江 > 伊犁 > 博州 > 迪庆 > 克州 > 海西 > 果洛 > 阿坝 > 恩施 > 红河 > 德宏 > 西双版纳 > 海南 > 临夏 > 甘孜 > 海北 > 玉树 > 黔西南 > 凉山 > 文山 > 甘南 > 黔东南 > 湘西 > 黄南（表 4.8，图 4.3）。从与 2010 年排名位次比较来看，大理、黔南等 15 个自治州 2016 年社会保障得分排名较 2010 年上升，海南州社会保障评价得分较 2010 年排名不变，其他 14 个自治州较 2010 年排名则下降（表 4.8，图 4.3）。具体来看：大理（上升 25 名）> 黔南（上升 13 名）> 果洛（上升 11 名）> 怒江 = 迪庆 = 恩施 = 临夏（上升 10 名）> 玉树 = 黔西南（上升 5 名）> 楚雄 = 博州（上升 4 名）> 伊犁 = 克州（上升 3 名）> 红河（上升 2 名）> 文山（上升 1 名）> 海南（排名不变）> 德宏（下降 1 名）> 延边 = 昌吉（下降 2 名）> 巴音郭楞 = 凉山（下降 3 名）> 海西（下降 4 名）> 黔东南 = 黄南（下降 7 名）> 阿坝（下降 8 名）> 甘孜（下降 9 名）> 西双版纳（下降 13 名）> 海北（下降 18 名）> 湘西（下降 19 名）> 甘南（下降 20 名）。

表 4.8　2010 ~ 2016 年我国民族自治州社会保障评价得分排名及位次变化

自治州	社会保障	2016 排名	2012 排名	2010 排名	排名变化
大理	99.10	1	27	26	+25
黔南	73.61	2	3	15	+13
延边	72.86	3	1	1	−2
昌吉	72.32	4	5	2	−2
楚雄	69.67	5	20	9	+4
巴州	64.69	6	7	3	−3
怒江	60.73	7	29	17	+10
伊犁	57.06	8	9	11	+3
博州	54.43	9	11	13	+4
迪庆	53.63	10	16	20	+10
克州	50.02	11	10	14	+3
海西	39.32	12	12	8	−4
果洛	38.14	13	4	24	+11
阿坝	37.82	14	22	6	−8
恩施	35.93	15	13	25	+10
红河	35.62	16	25	18	+2
德宏	33.14	17	19	16	−1
西双版纳	32.01	18	17	5	−13
海南	31.07	19	18	19	0
临夏	31.04	20	14	30	+10
甘孜	30.17	21	28	12	−9
海北	28.16	22	2	4	−18
玉树	25.94	23	8	28	+5
黔西南	24.95	24	6	29	+5
凉山	23.91	25	26	22	−3
文山	23.62	26	23	27	+1
甘南	22.71	27	21	7	−20
黔东南	21.59	28	30	21	−7
湘西	10.38	29	24	10	−19
黄南	10.10	30	15	23	−7

注：“+”为上升，“−”为下降。

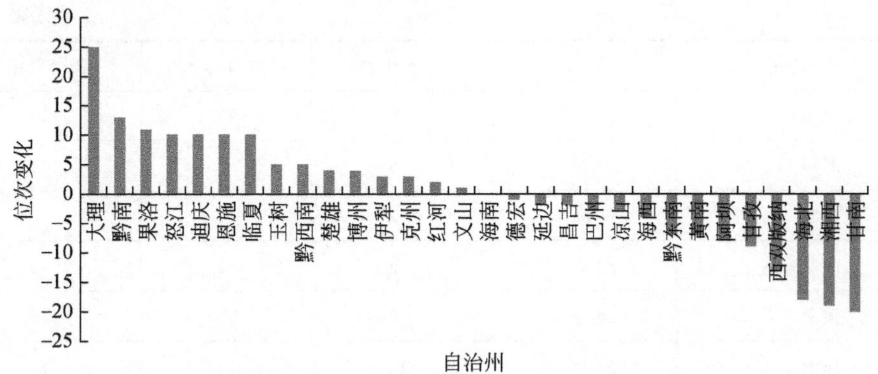

图 4.3　2016 年民族自治州社会保障评价排序较 2010 年位次变化

（三）生活质量方面评价与分析

从生活质量方面来看，生活质量评价得分中，昌吉排名第一位，黔南、延边分列第二、第三位。各民族自治州得分多少依次排名为：昌吉 > 黔南 > 延边 > 巴州 > 凉山 > 海西 > 德宏 > 西双版纳 > 黄南 > 海南 > 大理 > 湘西 > 恩施 > 黔东南 > 阿坝 > 伊犁 > 文山 > 博州 > 楚雄 > 黔西南 > 红河 > 海北 > 迪庆 > 临夏 > 玉树 > 怒江 > 甘南 > 果洛 > 克州 > 甘孜（表 4.9）。从排名变化来看，其中黔南、黄南等 14 个自治州较 2010 年排名上升，巴州、德宏等 2 个自治州排名较2010年不变，玉树、克州等14个自治州排名较2010年下降（表4.9，图4.4）。具体来看：黔南（上升 17 名）> 黄南（上升 16 名）> 凉山（上升 10 名）> 文山（上升 5 名）> 海南 = 湘西 = 海北 = 怒江（上升 4 名）> 黔东南 = 黔西南 = 临夏（上升 3 名）> 昌吉 = 大理（上升 2 名）> 果洛（上升 1 名）> 巴州 = 德宏（排名不变）> 玉树 = 克州（下降 1 名）> 延边 = 西双版纳（下降 2 名）> 红河（下降 3 名）> 海西 = 恩施（下降 4 名）> 伊犁（下降 5 名）> 甘南（下降 6 名）> 甘孜（下降 10 名）> 博州 = 迪庆（下降 13 名）。

表 4.9　2010 ~ 2016 年我国民族自治州生活质量评价得分排名及位次变化

自治州	生活质量	2016 排名	2010 排名	排名变化
昌吉	99.10	1	3	+2
黔南	94.43	2	19	+17
延边	82.84	3	1	−2
巴州	67.54	4	4	0

续表

自治州	生活质量	2016 排名	2010 排名	排名变化
凉山	60.86	5	15	+10
海西	58.70	6	2	–4
德宏	58.60	7	7	0
西双版纳	57.80	8	6	–2
黄南	56.79	9	25	+16
海南	56.47	10	14	+4
大理	56.42	11	13	+2
湘西	52.67	12	16	+4
恩施	50.97	13	9	–4
黔东南	48.81	14	17	+3
阿坝	48.76	15	8	–7
伊犁	47.28	16	11	–5
文山	46.85	17	22	+5
博州	41.28	18	5	–13
楚雄	40.94	19	12	–7
黔西南	39.68	20	23	+3
红河	38.11	21	18	–3
海北	34.27	22	26	+4
迪庆	30.29	23	10	–13
临夏	29.44	24	27	+3
玉树	20.82	25	24	–1
怒江	17.23	26	30	+4
甘南	17.23	27	21	–6
果洛	16.83	28	29	+1
克州	14.56	29	28	–1
甘孜	10.10	30	20	–10

注："+"为上升，"–"为下降。

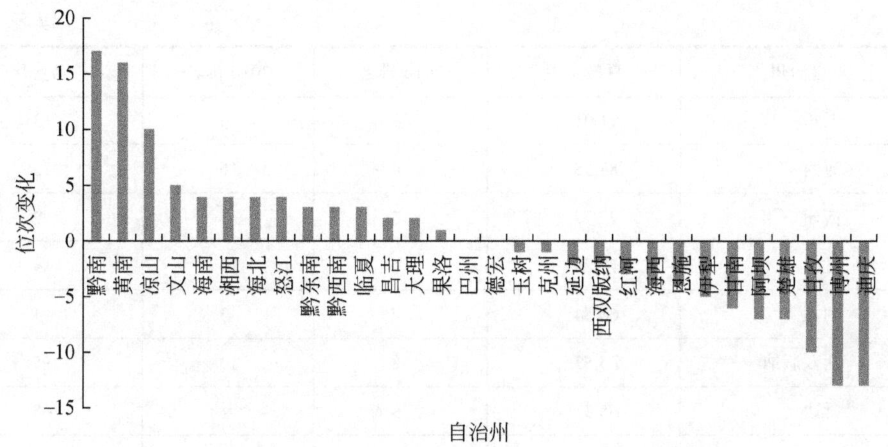

图 4.4　2016 年民族自治州生活质量评价排序较 2010 年位次变化

（四）科教文卫方面评价与分析

从科教文卫方面来看，科教文卫评价得分排名第一为楚雄，其次分别为昌吉、巴州，得分均超过 90 分。各民族自治州得分依次排名为：楚雄 > 昌吉 > 巴州 > 海西 > 博州 > 甘孜 > 阿坝 > 西双版纳 > 延边 > 海北 > 甘南 > 克州 > 恩施 > 黄南 > 大理 > 迪庆 > 海南 > 德宏 > 湘西 > 红河 > 伊犁 > 怒江 > 果洛 > 黔东南 > 黔南 > 临夏 > 文山 > 玉树 > 黔西南 > 凉山（表 4.10）。2016 年自治州科教文卫事业评价得分排名较 2010 年排名变化方面，恩施、黄南等 12 个自治州排名上升，黔东南、黔西南 2 个自治州排名不变，而文山、伊犁等 16 个自治州排名下降（表 4.10，图 4.5）。具体来看，恩施（上升 15 名）> 黄南（上升 13 名）> 海西（上升 12 名）> 楚雄 = 海北（上升 11 名）> 红河（上升 10 名）> 昌吉（上升 9 名）> 西双版纳 = 大理（上升 5 名）> 甘孜（上升 4 名）> 巴州（上升 3 名）> 博州（上升 2 名）> 黔东南 = 黔西南（排名不变）> 文山（下降 1 名）> 伊犁（下降 2 名）> 克州 = 德宏 = 黔南 = 临夏 = 玉树（下降 3 名）> 阿坝（下降 4 名）> 果洛（下降 6 名）> 甘南（下降 7 名）> 延边 = 怒江（下降 8 名）> 湘西（下降 11 名）> 海南 = 凉山（下降 12 名）> 迪庆（下降 14 名）。

表 4.10　2010 ~ 2016 年我国民族自治州科教文卫事业评价得分排名及位次变化

自治州	科教文卫	2016 排名	2010 排名	排名变化
楚雄	99.10	1	12	+11
昌吉	98.42	2	11	+9

续表

自治州	科教文卫	2016 排名	2010 排名	排名变化
巴州	91.01	3	6	+3
海西	83.55	4	16	+12
博州	73.77	5	7	+2
甘孜	72.23	6	10	+4
阿坝	66.64	7	3	–4
西双版纳	65.53	8	13	+5
延边	65.31	9	1	–8
海北	57.51	10	21	+11
甘南	56.35	11	4	–7
克州	55.00	12	9	–3
恩施	51.65	13	28	+15
黄南	46.99	14	27	+13
大理	43.76	15	20	+5
迪庆	42.12	16	2	–14
海南	38.73	17	5	–12
德宏	38.09	18	15	–3
湘西	36.53	19	8	–11
红河	35.84	20	30	+10
伊犁	34.05	21	19	–2
怒江	32.13	22	14	–8
果洛	29.45	23	17	–6
黔东南	28.15	24	24	0
黔南	23.62	25	22	–3
临夏	21.07	26	23	–3
文山	20.38	27	26	–1
玉树	17.85	28	25	–3
黔西南	16.58	29	29	0
凉山	10.10	30	18	–12

注：“+”为上升，“–”为下降。

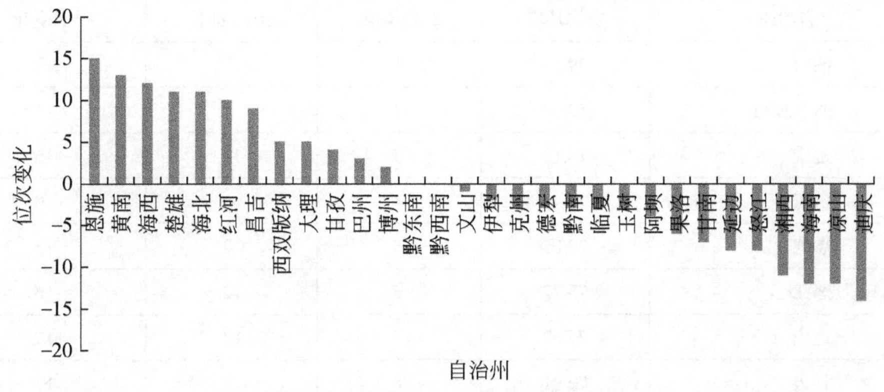

图 4.5　2016 年民族自治州科教文卫事业评价排序较 2010 年位次变化

（五）资源环境方面评价与分析

从资源环境方面来看，湘西评价得分位列第一。湘西属于内陆山区，自然资源较为富集，森林覆盖率较高，工业不够发达，工业污染不严重，因此资源环境综合情况较好。各民族自治州得分依次排名为：湘西 > 西双版纳 > 楚雄 > 黔东南 > 恩施 > 怒江 > 迪庆 > 延边 > 文山 > 黔南 > 黔西南 > 德宏 > 凉山 > 红河 > 大理 > 甘南 > 海北 > 甘孜 > 伊犁 > 博州 > 海西 > 玉树 > 克州 > 黄南 > 临夏 > 果洛 > 海南 > 阿坝 > 巴州 > 昌吉（表 4.11）。从排序看出，发展较好地区资源环境评价得分普遍较为靠后，由此反映民族自治州在发展方式上的资源依赖性和粗放经营。2016 年自治州资源环境发展评价得分排名较 2010 年排名变化方面，楚雄、海北等 14 个自治州排名上升，黔东南排名不变，而西双版纳、红河等 15 个自治州排名下降（表 4.11，图 4.6）。具体来看：楚雄（上升 16 名）> 海北（上升 13 名）> 甘南（上升 11 名）> 迪庆（上升 10 名）> 伊犁（上升 9 名）> 怒江 = 博州（上升 6 名）> 黄南（上升 5 名）> 海西（上升 4 名）> 恩施 = 大理（上升 3 名）> 湘西（上升 2 名）> 延边 = 克州（上升 1 名）> 黔东南（排名不变）> 西双版纳 = 红河（下降 1 名）> 德宏（下降 2 名）> 文山 = 甘孜 = 海南（下降 4 名）> 黔西南 = 临夏（下降 5 名）> 凉山 = 玉树（下降 6 名）> 巴州（下降 7 名）> 黔南（下降 8 名）> 昌吉（下降 9 名）> 果洛（下降 11 名）> 阿坝（下降 17 名）。

表 4.11　2010 ~ 2016 年我国民族自治州资源环境评价得分排名及位次变化

自治州	资源环境	2016 排名	2010 排名	排名变化
湘西	99.10	1	3	+2
西双版纳	82.90	2	1	–1
楚雄	78.12	3	19	+16
黔东南	77.45	4	4	0
恩施	77.05	5	8	+3
怒江	75.72	6	12	+6
迪庆	75.37	7	17	+10
延边	72.91	8	9	+1
文山	71.94	9	5	–4
黔南	71.45	10	2	–8
黔西南	69.91	11	6	–5
德宏	67.12	12	10	–2
凉山	66.86	13	7	–6
红河	65.23	14	13	–1
大理	59.51	15	18	+3
甘南	58.50	16	27	+11
海北	57.24	17	30	+13
甘孜	55.81	18	14	–4
伊犁	53.93	19	28	+9
博州	46.13	20	26	+6
海西	45.17	21	25	+4
玉树	44.34	22	16	–6
克州	44.25	23	24	+1
黄南	42.57	24	29	+5
临夏	38.22	25	20	–5
果洛	37.00	26	15	–11
海南	28.42	27	23	–4
阿坝	27.92	28	11	–17
巴州	18.21	29	22	–7
昌吉	10.10	30	21	–9

注：“+”为上升，“–”为下降。

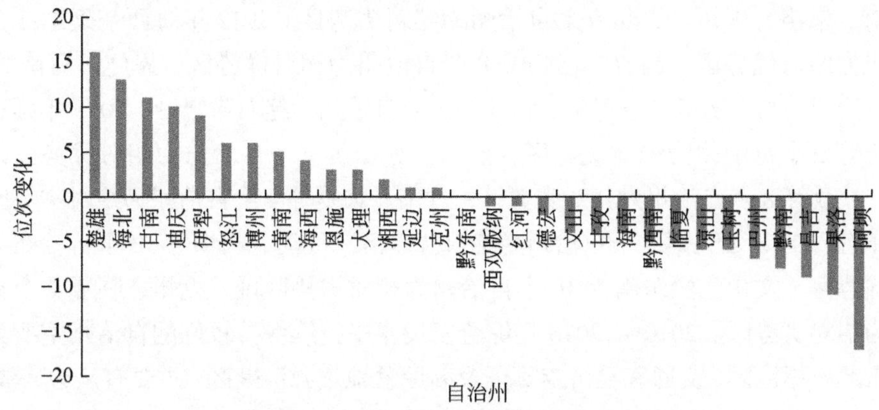

图 4.6　2016 年民族自治州资源环境评价排序较 2010 年位次变化

四、2010 ~ 2016 年自治州综合评价结果对比分析

（一）综合评价结果对比分析

30 个自治州综合发展差异较大，2010 年、2012 年、2015 年、2016 年自治州综合评价值的变异系数①分别为 45.83%、49.78%、46.52%、40.13%。从综合评价结果的对比来看（表 4.12），2010 年与 2016 年比较总体排名变化中，海北、红河、海南、黄南、甘孜、楚雄、大理、果洛、黔西南、海西、玉树、昌吉、文山 13 个自治州排名总体上升；恩施、凉山 2 个自治州排名总体不变；延边、黔东南、阿坝、临夏、巴州、伊犁、克州、博州、迪庆、黔南、西双版纳、甘南、德宏、怒江、湘西 15 个自治州排名总体下降。从所在省（自治区）域来看，青海省内自治州综合评价得分排名上升最为明显，其次是四川省内的自治州；湖北恩施州综合评价得分排名保持不变；湖南湘西州综合评价得分排名下降最为明显，其次为甘肃省内自治州。

（二）空间聚集视角对比分析

30 个自治州的发展可以分为四类区域（表 4.13），分别是绝对优势区、相对优势区、相对劣势区、绝对劣势区。2010 年延边为绝对优势区，湘西、阿坝等 7 个自治州为相对优势区，恩施、凉山等 17 个自治州为相对劣势区，临夏、

①变异系数为一组数据的标准差除以其平均值，用来反映这组数据的变异程度或波动程度。

黄南、果洛、玉树、克州 5 个自治州为绝对劣势区。2012 年海西、延边 2 个自治州为绝对优势区，昌吉、巴州等 8 个自治州为相对优势区，恩施、海南等 15 个自治州为相对劣势区，黄南、临夏等 5 个自治州为绝对劣势区。2015 年延边、恩施等 9 个自治州为绝对优势区，湘西、凉山等 9 个自治州为相对优势区，阿坝、甘孜等 8 个自治州为相对劣势区，甘南、临夏等 4 个自治州为绝对劣势区。2016 年昌吉、延边等 5 个自治州为绝对优势区，红河、阿坝等 13 个自治州为相对优势区，文山、黔东南等 10 个自治州为相对劣势区域，克州、临夏 2 个自治州为绝对劣势区。2010 ~ 2016 年综合发展水平持续保持较好的自治州主要集中在东部口岸地区、交通和经济走廊以及高原盆地资源汇聚区，主要有延边、昌吉、海西、巴州。相比之下，位于西北沿边地区和黄土高原地区，自然资源和地理劣势明显的克州、临夏综合发展水平则始终落后于其他自治州①。

（三）区域发展差异对比分析

2016 年，从五大方面差异来看，30 个自治州经济发展差异最大，而资源环境差异最小。从同一省（自治区）域自治州综合评价的内部差异来看，甘肃省内的自治州发展差异最大，贵州省内的自治州发展差异最小，甘肃、青海、新疆等省（自治区）内的自治州发展差异程度高于 30 个自治州整体水平，四川、贵州、云南等省内的自治州发展差异程度低于 30 个自治州整体水平。从 30 个自治州各自经济总量角度来看，2010 年、2015 年、2016 年经济总量分列前三位的地区始终是伊犁州、凉山、红河；而经济总量分列后五位的地区始终是克州、海北、黄南、玉树、果洛。三个年度，前三位 GDP 的平均值分别为 775.30 亿元、1392.30 亿元、1434.32 亿元；后三位 GDP 的平均值分别为 37.70 亿元、73.06 亿元、76.34 亿元。前者是后者约 20.5 倍、19 倍、18.8 倍，差距十分明显。

表 4.12　2010 ~ 2016 年 30 个民族自治州综合发展排名情况表

自治州	2010 年	2012 年	2015 年	2016 年
昌吉	4	3	1	1
延边	1	2	2	2
海西	6	1	3	3

① 2010 年数据来源：李俊杰的《“十一五”期间民族自治州发展评估报告》；2012 年数据来源：李俊杰的《2012 年度民族自治地方发展评估报告》；2015 年数据来源：李俊杰的《“十二五”期间我国民族自治州发展评估与同步小康研究》；2016 年数据由“2016 年度民族自治州发展评估报告”课题组整理计算得到。

续表

自治州	2010 年	2012 年	2015 年	2016 年
巴州	2	4	5	4
楚雄	10	22	10	5
红河	17	18	9	6
阿坝	5	10	20	7
海北	24	13	22	8
西双版纳	3	14	11	9
大理	15	24	8	10
甘孜	16	25	21	11
迪庆	7	15	4	12
恩施	13	11	6	13
凉山	14	17	14	14
博州	11	16	15	15
德宏	9	8	18	16
海南	23	12	23	17
黔南	12	5	7	18
文山	21	21	17	19
黔东南	19	19	12	20
黔西南	25	9	13	21
果洛	27	6	28	22
黄南	29	26	26	23
伊犁	22	23	24	24
湘西	8	20	16	25
甘南	20	28	30	26
玉树	30	7	19	27
怒江	18	30	25	28
克州	26	29	27	29
临夏	28	27	29	30

表 4.13　2010 ~ 2016 年 30 个民族自治州综合发展水平区域分类情况表

区域类型	2010 年	2012 年	2015 年	2016 年
绝对优势	延边	海西、延边	延边、恩施、黔南、迪庆、大理、红河、海西、巴州、昌吉	昌吉、延边、海西、巴州、楚雄
相对优势	湘西、阿坝、西双版纳、迪庆、海西、昌吉、巴州	昌吉、巴州、黔南、果洛、玉树、德宏、黔西南、阿坝	湘西、凉山、黔东南、黔西南、西双版纳、德宏、楚雄、文山、博州	红河、阿坝、海北、西双版纳、大理、甘孜、迪庆、恩施、凉山、博州、德宏、海南、黔南
相对劣势	恩施、凉山、甘孜、黔东南、黔南、黔西南、文山、红河、德宏、怒江、大理、楚雄、甘南、海北、海南、博州、伊犁	恩施、海南、海北、西双版纳、迪庆、博州、凉山、红河、黔东南、湘西、文山、楚雄、伊犁、大理、甘孜	阿坝、甘孜、怒江、海南、海北、黄南、玉树、伊犁	文山、黔东南、黔西南、果洛、黄南、伊犁、湘西、甘南、玉树、怒江
绝对劣势	临夏、黄南、果洛、玉树、克州	黄南、临夏、甘南、克州、怒江	甘南、临夏、果洛、克州	克州、临夏

第五章
民族自治州发展面临的特殊困难和原因分析

一、基础设施建设相对滞后，瓶颈制约大量存在

一是交通基础设施建设仍然落后。民族自治州大多地处偏远，地势高峻，地形复杂，自然条件严酷，建设成本高，道路等基础设施建设仍然存在诸多薄弱环节，需要长期大力投入。大部分自治州交通网络不完善，存在道路等级低、通行能力弱、与外界联通受阻等问题。不仅有“对外大通道”问题，也有“最后一千米”问题。例如，云南直过民族主要居住在滇西边境山区，由于道路等基础设施建设滞后，生产生活条件异常艰苦，导致贫困面大、贫困程度深，特别需要长期大力扶持。二是农业基础设施薄弱。民族自治州地区田间水利配套设施差，灌区和滴灌工程年久失修，机电排灌面积不足，农业科技和机械化水平比较低，农业产业化及农产品现代化流通体系建设不足。三是信息基础设施落后。民族自治州部分乡镇、村的群众用电难、通信难问题仍很突出。村村通电话工程、广播电视覆盖工程和移动网络覆盖工程还未实现百分百覆盖，部分偏远山区网络通信还处于盲区。四是公共服务设施不完善。民族自治州地区城镇给排水、垃圾处理、污水处理、集中供热等公共服务配套设施还不完善，部分设施由于运营维护不到位，老化及破损严重，更由于缺乏技术指导，设施可持续利用率低。

二、生态环境系统脆弱，区位条件制约明显

我国 30 个民族自治州大都处于边境地区、高寒山区或省际结合部。例如，有 27 个自治州位于西部地区，有 29 个州位于我国第一级阶梯和第二级阶梯，平均海拔在 1000 米以上，大部分自治州地表起伏大，通行不便[①]。据统计，

①麦婉华 .2016. 巴特尔：自治州建设全面小康之路 . 小康，10：50-53.

我国30个自治州中有20个处于省际边界，其中8个与两省接壤，8个与三省接壤，4个与四省接壤。从自然生态环境上看，省际结合部一般以高山、河流为自然分界，区位偏僻，交通不便，远离中心城市和经济、政治、文化中心，过境交通路线少，断头路多，使其经济社会活动基本局限在自身狭小空间地域范围内，缺乏地域上的连续性。一方面，民族自治州中有相当一部分属于生态环境脆弱地带，具有被替代概率大、恢复原状机会小、抗干扰能力弱等特性。山体滑坡、泥石流、地震、寒潮、霜冻、洪涝、干旱、冻雨等自然灾害频繁发生，而“靠天吃饭”难题没有明显改变，抵御自然灾害手段十分有限。另一方面，人与自然的矛盾依然突出。自治州是我国重要的资源富集区、水系源头区和生态屏障区。有25个自治州辖有国家重点生态功能区，有24个自治州辖有禁止开发区。自治州生态地位重要，生态环境脆弱，发展经济同保护生态这两者的矛盾比较突出[①]。

三、优势特色产业发展缓慢，传统农牧业亟须提升

一是特色优势产业扶持力度不足，缺乏优势的支柱产业。目前，项目资金安排上对产业发展的关注不够，办法不多，扶持力度不足，导致地方产业发展慢，产出低，抗风险能力弱，难以形成具有区域优势的支柱产业。二是产业化水平低，产业支撑能力弱。一些地区产业缺乏规模化、集约化经营，不能形成完整产业链，产业化水平程度低、质量差，市场带动能力弱。关键问题在于受技术、观念、环境等因素的限制，在形成产业链、提升产业化水平方面难度较大，达不到规模化、集约型经营标准，经济发展缺乏强有力的产业支撑，经济结构调整步伐较慢，导致自身“造血”能力不足，自我发展能力较弱。2015年，全国30个自治州的经济总量1.62万亿元，不及深圳市的1.75万亿元[②]。从经济结构看，发展较好的几个自治州，大多属于资源开发型经济，结构单一。三是传统农牧业普遍缺乏畜产品加工意识，带动群众增收效果不明显。近年来，从事特色种植、养殖和加工业的各类农村合作经济组织及企业发展迅速，但由于经营规模小、合作层次低、发展资金缺乏，使得其在扩大规模、提高产能、提升效益上面临诸多困难，带动群众增收致富的效果也不甚明显；而且市场竞争能力较弱，缺乏相应的技术和能力，导致产业链条短，缺乏龙头企业带动，

①麦婉华.2016.巴特尔：自治州建设全面小康之路.小康，10：50-53.

②同①。

大部分是家庭式、粗放式经营，农畜产品加工转化增值不够，产品单一，传统农牧业需要改造升级。

四、社会事业发展短板突出，文化教育事业发展薄弱

一是医疗卫生条件差。村级卫生室设备简陋，缺医少药，技术人员严重不足，特别是高层次医疗专业人员严重紧缺，“看病难”问题突出，“因病致贫返贫”不时上演。二是教育事业发展依旧薄弱。教学师资缺乏、教学设备简陋、教学经费不足等问题依然严重，民族品牌特色学校建设缺失，“普九”成果巩固、重点人才培养、学前教育普及、师资队伍建设等方面的扶持力度还有待进一步加强。三是群众性文体公益性活动设施缺乏。部分民族地区在民族博物馆、图书馆、科技馆、体育活动场所等方面设置明显不足，甚至存在空白，与客观需求差距很大，亟须建设或进一步完善。四是优秀民族文化遗产面临灭失风险。当前，一些独具特色的传统民居被现代化的钢筋水泥取代，民族歌舞被电子娱乐蚕食，对本民族文化的保护发展意识淡薄，投入不够，特别是一些人口较少民族，民族语言、文字正逐步消失，继承发展民族文化面临巨大困难。

五、金融服务体系总体缺位，现有体制难以满足资金需求

一是与日益增强的金融需求相比，民族自治州金融机构和金融服务严重缺位。具体表现为金融市场主体少，结构单一，且网点布局不合理，正规金融机构大规模撤并基层网点，使得民族地区尤其是其农村地区出现金融“空洞化”现象，金融服务提供地理空间跨度较大；金融服务缺失造成企业和家庭贷款难，金融供给规模远远不能满足金融需求。二是民族自治州群众金融素养亟须提高，信用意识较弱，使用信贷工具能力低，难以达到金融产品和所从事的三农产业的最佳对接，也直接影响了信贷支农效益的最大化。三是民贸民品认定程序复杂，贷款条件限制多，企业名录修订具有时滞性，优惠政策落实难，基准贷款利率作为必要条件与利率市场化方向矛盾；金融机构对民贸民品贴息贷款积极性不高；存款准备金率政策使用略显频繁，对民族地区资金供给撬动不足。四是非正规金融的畸形发展。随着民营经济日渐活跃，民间资本需求快速扩张，而正规金融供给严重不足，不能满足不断增长的金融需求，导致各种非正规金融的产生。在民族自治地区，普遍存在着“合会”“摇会”“标会”“放青苗

者”和“押干谷者”“互助储金会”以及农村合作资金等民间借贷形式，民间借贷规模和波及区域都相当大，导致金融生态恶化，社会信用体系建设和金融生态环境不佳，信用担保机制欠缺。

六、“营改增”减税效应明显，地方政府自主支配性财源减少

经过3年两轮试点,2016年5月1日起,“营改增”在全国所有行业全面推开，实现了增值税对所有货物、服务生产、流通和消费环节的全覆盖。由于区域产业结构不同所导致的税收结构不同，“营改增”对东部发达地区与中西部落后地区的影响也明显不同。作为相对落后的少数民族地区，其营业税与原增值税相比，在总税收中所占比例比发达地区普遍高出较多。在新税制（增值税税收中央与地方五五分成）下，发达地区地方税收基本维持，而落后地区，尤其是民族地区，地方税收不增反降，普遍出现一定幅度的减少，这一结果，对民族地区维持公共服务、改善民生，乃至政府（机构）运行，都带来较大影响。以恩施州为例，2015 年度恩施全州入库营业税 16.57 亿元，占地方税收收入总量的 34.12%，“营改增”后营业税将减收 11.59 亿元。随“营改增”因素减收的城建税、契税、个人所得税、教育费附加合计约 1.71 亿元，规费收入减收约 0.31 亿元，合计地方税收减收 13.61 亿元。“营改增”带来地方税收收入和非税收入大幅下降，地方税源呈现雪崩式下滑，地税部门对地方财政的贡献大幅缩水，影响力降低[①]。其次“营改增”后，导致地方税收征管难度加大，征管模式面临重构地方税收失去“以票控税”抓手，增值税附征税费管理面临困境，其他税及规费收入随之流失。缴纳增值税的企业，企业所得税由国税部门征管，地税无新增企业所得税税源，老税源逐步流失。

七、精准扶贫进入攻坚阶段，全面同步小康难度大

民族自治州是我国全面建成小康社会的重点、难点和短板，贫困问题仍然突出，农牧民增收渠道单一，脱贫攻坚任务异常艰巨。全国 14 个集中连片特困地区，有 11 个在民族地区。2016 年，民族八省区[②]贫困人口、贫困村数量

①胡晓东，田孟清 .2017.“营改增”对民族地区财政收入和产业转型的影响及对策——基于湖北省恩施自治州的调查分析 . 中南民族大学学报 (人文社会科学版)，37 (4)：141-145.

②民族八省区即宁夏、广西、新疆、西藏、内蒙古、贵州、云南和青海 8 个省（自治区）。

都占全国 1/3 左右，还有 4 个省（自治区）贫困发生率超过 10%，3 个省（自治区）贫困人口数超过 300 万①。因此，面对脱贫攻坚这个关乎国计民生的长期战役，民族地区是不容忽视的重要战场，是实现同步小康的主要矛盾之一，而摆脱贫困，则是矛盾的主要方面。民族自治州要在开发与保护双重压力下，同时实现脱贫与小康双重目标，体制机制还有待进一步改革，精准扶贫、精准脱贫模式还有待进一步创新，如何权衡解决个体性、偶发性问题和区域性、群体性、普遍性问题，如何将整体扶贫和精准到户有机结合，确保贫困人口稳定脱贫、贫困地区摘帽出列都有一定难度。

①巴特尔 .2017. 全面建成小康社会一个民族都不能少 . 中国民族，（8）：45-47.

第六章
加快推进民族自治州发展的对策建议

2016年是全面实施“十三五”规划的开局之年，也是全面建成小康社会决胜阶段的开局之年。“十三五”总体规划和相关专项规划为民族自治州加快发展创造了优越的政策环境。当前和今后一段时期，是民族自治州全面实施好“十三五”规划，确保如期打赢脱贫攻坚战、同步全面建成小康社会，为“中华民族一家亲，同心共筑中国梦”作出应有贡献的重要战略机遇期。当前，民族自治州发展形势喜人，前景光明。但是也要看到，民族自治州还面临不少发展不平衡不充分的问题，自治州还需要增强使命感紧迫感，朝着争创精准扶贫先行区、高质量发展样板区、生态文明建设标杆区、民族团结进步示范区、社会治理创新区“五个区”的方向努力。

一、坚持发展要务，确保同步实现全面小康

民族地区遇到的各种问题和难题，最终都必须依靠发展才能从根本上解决。发展是解决民族地区各种问题的总钥匙，要牢牢把握发展第一要务，下大气力全面改善民族地区生产、生活、生态条件，提升民族地区和少数民族群众自我发展能力，把打赢脱贫攻坚战作为实现全面小康的首要任务，毫不松懈抓发展、谋规划、促任务落实，增强扶贫开发的系统性和整体性，让各族群众有更多的获得感和幸福感。

一是坚持走民生型发展之路，重点抓好就业与教育。要坚持以人为本，以民生为导向，多办顺民心、惠民生的实事，构建民生型政府和公共服务体系。走民生型发展之路，抓好就业和教育是重中之重。就业是头等的民生大事，也是社会稳定的重要保障。民族自治州地区大多产业基础薄弱，就业岗位不足、容量有限、渠道狭窄，一些地方富余劳动力较多，实际失业率偏高，成为制约全面小康的重要障碍。因此要加快特色优势产业发展，始终把就业放在第一的

位置，不断拓宽就业渠道，扩大就业容量，逐步实现持续充分就业的目标。作为惠及千家万户的基础性工作，教育仍然是民族地区的薄弱环节。当前，民族地区义务教育巩固率平均只有 86%，远低于全国平均水平，不少地区初中辍学率超过 30%。要加大国家支持力度，搞好民族地区各级各类教育，尤其是标准化寄宿制学校建设，实行免费中等职业教育，为全面建成小康提供强有力的人才和智力保障。二是充分发挥民族自治州资源丰富的优势。大力发展特色优势产业，推动形成一批在全国具有影响的主导优势产业链，切实把资源优势转换为经济优势，这是确保民族地区全面同步小康的重要基础。在资源开发利用过程中，要重点抓好惠及当地和生态保护两个方面。一方面，要通过精深加工、产业链延伸、吸纳当地就业、利益分配调整等途径，把民族地区资源开发的利益更多地留在当地，通过资源开发带动地方经济发展和广大民众脱贫致富，形成民富区强的发展格局；另一方面，要切实把生态保护放在重要位置，坚持“在保护中开发、在开发中保护”，既要金山银山，又要绿水青山，不以牺牲生态环境为代价换取一时的经济快速增长。

二、实施差别政策，完善东西部扶贫协作机制

2016 年 11 月中共中央办公厅、国务院办公厅印发《关于进一步加强东西部扶贫协作工作的指导意见》，对自 1996 年起开始的东西部扶贫协作做出了调整完善，实现了对 30 个民族自治州结对帮扶的全覆盖。新的东西部扶贫协作政策，是实施精准扶贫精准脱贫的新举措，更是 30 个民族自治州经济社会发展面临的重大机遇。

通过东部和西部加强合作，合力攻坚精准脱贫，需要强调两个方面。一是扶贫是主题，协作是重点。要形成长效保障机制，如东西扶贫双方党政主要领导亲自主抓合力攻坚，两地每年定期走访、定期互动；定时召开党政联席会议，会议上专门研究两地协作规划、年度计划和工作重点。二是强调东部地区承担的是帮扶责任，西部地区承担的是脱贫攻坚主体责任。东部要围绕五个方面：产业、就业、人才、资金、社会动员，把力量组织好，输送到西部地区。西部地区要把各方面资源整合到一起，形成合力来推动脱贫攻坚。西部是主体责任，要主动对接、主动沟通，提出贫困需求，共同研究制定帮扶规划，彻底摒弃“等、靠、要”“庸、懒、散”思维和作风。

在东西部合力攻坚精准脱贫的具体做法上，主要聚焦四个方面：首先是产业合作。选择好既能增收，又能更多地吸纳就业的产业。把当地的资源条件、

百姓参与能力充分结合起来。二是通过援建项目等方式提供一批就业岗位，通过创造就业岗位、增加西部受援助地区居民收入带动脱贫。三是增加对民族自治州教育、文化、医疗、卫生、社会等各方面急需人才的精准支援。将支援队伍的选派工作很好地和西部地区尤其是民族自治州的人力资源需求紧密结合起来。四是通过多种方式提供经验参照。东部地区区县，在居民增收、发展产业、开发资源上经验丰富，要和西部脱贫对接起来，尤其是，将东部地区农村地区致富能手壮大自身同时带动贫困户发展的经典案例进行提炼和总结，把这些好经验在西部推广。

三、坚守生态底线，落实生态功能区规划

我国民族地区的自然资源和区位优势具备了跨越式发展的天然物质条件。无论是从水资源、森林草地资源看，还是从风力发电和矿产储藏资源看，少数民族地区的自然资源条件都极其丰富。生态文明建设，尤其是国家生态功能区建设战略规划的出台，为民族地区实现新跨越提供了契机。

民族自治州落实国家生态功能区规划的途径主要有：

第一，改变经济发展考核指标。在民族地区的生态功能区，应弱化经济增长、工业化和城镇化水平等指标，突出生态环境保护与建设指标。同时，在生态功能区应改革干部任用及考核制度，弱化 GDP 对重点生态功能区干部考核的影响，将生态环境的保护与建设纳入到干部考核体系中。把推进主体功能区主要目标完成情况纳入对各级党政领导班子和领导干部的综合考核评价体系，作为地方党政领导班子调整和领导干部选拔任用、教育培训、奖励惩戒的重要依据。同时根据重点开发、限制开发和禁止开发区域的不同要求，编制自然资源资产负债表，对领导干部实行自然资源资产离任审计，加大问责力度，建立生态环境损害责任终身追究制度。

第二，建立健全生态补偿机制。一是继续完善纵向国家层面的生态补偿。在退耕还林还草、天然林自然保护工程中，继续加大对少数民族地区的生态补偿。同时，应完善法律法规，明确各地区在生态补偿体系中的责任，明确各生态功能区的保护责任和补偿义务。二是建立跨区域的生态补偿机制。生态补偿遵循“谁受益，谁补偿”的原则，西部地区的生态环境对全国都有正的外部性，可以通过在东部地区预算调节（或通过特别税收）筹集资金作为补偿，用于西部民族地区生态功能区的建设。三是建立有利于生态功能区建设的税费制度。为加强生态民族地区生态功能区的建设，可征收生态补偿税。生态补偿税能够

使东中部受益地区对实际受益进行支付，对西部民族地区的利益损失进行补偿，协调经济发展和环境保护。

第三，促进生态环境建设产业化发展。民族地区应依托生态环境，实现产业结构的转变。在山地、林地发展生态绿色种植、养殖，如食用菌栽培、“山药”“山果”“山菜”种植、家畜山养等，在绿色种植、养殖的基础之上发展药材、乳品、肉类等加工企业，实现产业结构的转变。

第四，坚定不移走绿色发展之路。围绕绿色转型主线，大力发展生态工业、生态旅游、生态效益农业和高科技产业。进一步加强资源节约利用，发展循环经济，推进绿色清洁生产，强化对土地、森林、大气、水体等生态系统的保护，减少资源消耗和污染物排放，逐步实现生产方式和生活方式绿色化。兼顾生态效益和社会效益双赢，采取政府与企业共同投资的PPP形式，鼓励社会资本参与旅游、能源、水利、城市供水等基础设施建设。推动林业生态型转型发展，保护与发展并举，加强森林资源管护与经营，严格落实国有林区停伐要求，严密防范森林火灾和森林病虫害，坚持森林经营的科学规程，强化对森林资源的全方位和全过程监管，有序引导林区人口向县城所在地和区域中心镇转移。

四、对接“一带一路”建设，实施好兴边富民行动

推进“一带一路”建设下民族地区经济快速发展，关键是遵循“一带一路”经济走廊发展方向，基于民族地区经济区位特点，抓住机遇，管控结合，以区域联动发展带动民族经济增长。根据对民族自治州经济发展与“一带一路”倡议的契合点分析，可以从政策制定、基础设施、能源合作、产业升级、贸易合作和人文交流六个方面推进“一带一路”建设与民族地区经济发展。

第一，立足国际视野发展民族地区经济。一是开辟新视野。紧抓“一带一路”建设机遇，改变传统民族地区政策局限于国内或区域市场内部的弊端，将民族地区发展规划与“一带一路”建设动态衔接，立足国内（区域）国际市场资源，推动生产要素双向流通，开辟民族地区经济发展新视野和新空间。二是建立民族地区政策协商及利益补偿机制。由于地区间经济发展程度、区位资源禀赋千差万别，民族地区间政策容易产生冲突或矛盾，有必要建立一个组织程度高、执行力强和监督有效的民族经济统筹管理发展委员会，协调民族地区间政策制定及执行。

第二，完善民族地区基础设施建设，打通经济走廊。一是加强民族地区对外交通建设。鼓励民族地区通过谈判、磋商等方式签订双边交通运输合作协定，

结合区域边境合作区及国家重点通道建设规划，加强跨境铁路网、主干公路网、水运航空基础设施及航道建设，推进重点边境城镇之间点对点直达交通项目建设，开辟边境资源与物资绿色通道，提升民族地区跨境交通的通行能力与服务水平。二是加强民族地区内部交通融合建设。整合民族区域规划建设，综合区域铁路网、公路网布局，贯通区域重要交通网点，构建区域内部融合交通网络。同时，完善民族地区邮政、电信和互联网基础设施建设，发挥互联网信息实时共享等特点，构建民族地区间交通信息共享平台，实现区域内交通监控一体化建设。

第三，加大民族地区能源区域合作，形成优势互补。一是探索境外矿产资源联合开发模式。加强境外资源开发合作模式探索，鼓励民族地区有实力的企业通过股份、设备、技术合作等方式，进入当地资源勘探开发和深加工领域。二是推动农林资源跨境合作。推行跨区域农林合作，依托民族地区农业生产示范园建设，促进农林技术交流，实现农业技术成果和经济效益共享。三是加强重点流域水资源开发。通过谈判、磋商等方式制定跨境水资源协同开发战略协议，整合流域上下游资源，建立流域水资源开发及监管机制，重点加强黑龙江、鸭绿江、澜沧江、雅鲁藏布江等跨境河流水资源合作开发。

第四，建立民族地区边境贸易园区，推动产业升级。首先，加强跨境产业园区建设。依托民族地区比较优势产业，充分利用“一带一路”建设贸易政策，分阶段、有计划地推进民族地区边境贸易区和金融合作区的审批与建设工作。其次，延伸跨境产业链。依托“一带一路”六大经济走廊不同产业发展方向和重点，加快边境贸易区周边配套设施建设，组建民族地区以龙头企业为代表、以跨境企业为主体的产业合作联盟，培植民族地区优势产业，融合产业园区内核心技术链与产业链，拉动民族地区产业转型升级。

第五，提升民族地区贸易便利水平，促进贸易畅通。一是完善商贸物流体系。在“一带一路”沿线重要交通节点建设一批物流园区、配送中心和物流企业。二是发展跨境电子商务。加强跨境电子商务海外贸易与服务网点建设，整合跨境电商平台资源，探索跨境电商多元主体的经营合作方式。同时鼓励民族地区企业间贸易尽快实现全程在线交易，支持民族地区跨境电子商务零售出口企业加强与境外企业合作，创新营销模式，融入境外零售体系。

第六，促进民族地区人文对外交流，实现民心相通。一是加强内外文化交流。整合民族地区文化品牌，通过文艺演出、影视交流、合作出版等多种方式推动民族地区对外文化交流。同时，充分利用会展经济的聚集和辐射效应，通过跨区域平台的整体性搭建，联合举办民族地区专项文化交流活动，充分发挥会展平台在民族区域经济发展、技术交流、文化传播等方面的作用。二是发展沿边少数民族地区特色文化旅游。整合沿边民族特色旅游资源，培育民族特色村寨旅游、生态旅游、探险旅游、农业旅游等具有边境地域特色、民族特色的旅游项目。

五、狠抓团结稳定，加强各民族交往交流交融

民族团结是民族地区长治久安、各项事业欣欣向荣发展的基石。要想过上幸福生活，要想社会不断进步，唯有各族群众不断加强交往交流交融，在共同生产生活和工作学习中，筑牢民族团结的基石，找准各族群众利益的结合点、心理的契合点、感情的共鸣点，把党的民族政策贯穿到各项工作之中，落实到各民族生产生活之中。

第一，用社会主义核心价值观构筑共有精神家园，巩固各民族交往交流交融的思想根基。一是夯实理论教育基础，强化思想舆论宣传。要大力弘扬社会主义核心价值观，要坚持以“五个认同”、法治教育为主线，大力加强思想道德建设，用“草根化”的语言、“滴灌式”的方式，把全面教育和重点教育结合起来，有破有立，疏堵结合，切实提高人民群众对宗教极端思想的免疫力。二是注重实践引导，不断加大正能量。社会主义核心价值观是形成统一指导思想、共同理想信念、强大精神力量、基本道德规范的利器。无论是建立健全各地州县文化馆（文化活动中心）、图书馆（农家书屋）、博物馆、文化广场等公共文化服务基础设施，保障人民群众看电视、听广播、读书看报、参加大众文化体育活动等基本文化权益，还是发展文化产业、开展群众思想政治工作、文化活动、文化作品创作，都要与弘扬社会主义核心价值观的内容结合起来。

第二，继续加快少数民族和民族地区经济社会发展，夯实民族交往交流交融的物质基础。一是充分利用有利条件，逐步缩小差距。紧抓国家财政转移支付力度和对口支援力度，以及西部大开发、“一带一路”建设等重大战略机遇，发挥好中央支持、发达地区支援和民族地区自力更生“三个积极性”，埋头苦干、不急不躁地坚持科学发展，缩小差距。二是多途径提高民族地区多元增收能力。首先，拓宽增收渠道，增加居民工资性收入。其次是安排好劳务输出。大力扶持自主创业，增强职工转移性收入。一方面可以采取无息贷款、小额贷款等方式帮助贫困人员发展自营经济；另一方面要鼓励贫困人员就地创业，比如开小商店、小修理铺等，在税收减免等方面给予优惠条件。三是持续完善对口支援机制与精准扶贫工作机制。

第三，以现代文化引领，解决多元文化共存共荣问题，提供民族交往交流交融的精神力量。坚持以开放态度对待各民族文化，大力发展一体多元、融合开放、具有民族特色的现代文化，扎实做好现代文化落地工作，引导群众在精神情趣、生活方式上向现代化迈进。一是以现代文化对冲极端思想，用好文化阵地，做到文化活动常常有，让群众当主角，走到台前，自娱自乐。让群众共享文化成果，加强交往交流交融、增强"五个认同"。二是加强少数民族传统文化的研究和保护工作，尽快建立健全民族文化资源和文化生态保护的地方性法规，以法律方式保证文化保护的法律地位与运作程序，同时加强文化保护的公众意识和社会责任。加快政府保护方式的改革，要倡导博物馆式、原生态、教育、专业、生产性等多渠道保护方式。三是重视少数民族文化产业发展，真正把少数民族文化作为重要产业来抓，建立适应社会主义市场经济体制，符合少数民族文化发展规律的文化机制、经营机制，推动少数民族文化产业的发展、繁荣。

六、加强法制建设，推进民族事务治理法治化

推进民族事务治理法制化，用法律来保障民族团结是依法治国基本方略下的必然选择。进一步提高民族事务治理法治化水平，不仅有利于维护国家统一和民族团结，促进各民族交往交流交融，而且有利于推动民族地区与全国同步全面建成小康社会，实现各民族共同繁荣发展。

第一，坚持以法治思维贯穿民族团结工作，是提高民族事务治理法治化水平的根本前提。要以促进民族团结进步为核心，制定好民族法治宣传教育发展规划，广泛深入开展包括宪法、民族区域自治法在内的法律法规，以及党的民族理论政策、民族基本知识的宣传教育，帮助各族群众牢固树立法治意识，自觉遵守国家法律和有关规定，促使各民族将法治精神和意识内化于心，履行和遵守促进民族团结进步的责任和义务，逐渐地形成和培育各民族共同接受和认同的中华民族共同体意识。同时，要通过加强普法宣传，增强各族群众法治意识，引导各族群众知法、守法、用法、护法，推动形成办事依法、遇事找法、化解矛盾靠法的良好法治环境。

第二，加强民族法律法规体系的完善和创新。要坚持宪法确立的有关解决民族问题的基本原则和基本框架，建立健全与民族区域自治法相配套的法律法规，积极推动国务院有关部门制订扶持民族地区发展的部门规章或规范性文件，推动民族自治地方要依照本地实际制定或修订自治条例、单行条例以及相关法

律法规的修订，积极参与有关法律法规涉及少数民族和民族地区条款等的研究制定工作。第三，强化民族法治体系的健全和落实。从国家层面看，就是要站在维护国家统一的高度，坚持依法治国，在法律框架内保障自治机关依法行使自治权，依法落实加快民族自治地方发展的政策措施。从民族自治地方层面看，就是要在维护宪法权威的基础上，通过建立健全依法决策机制、重大决策合法性审查机制，积极推行政府权力清单制度、法律顾问制度保证民族自治地方依法治理地方事务，依法行使自治权。坚持严格、规范、公正、文明执法，通过完善执法程序和明确具体操作流程，充分尊重少数民族群众感情，积极争取各族群众的理解和支持。既要坚持以法律为准绳，保证各族公民的合法权益，又要坚决依法打击极少数蓄意挑拨民族关系的违法犯罪分子。

第四，加大民族法治体系的监督力度。要坚持以问题为导向，重点针对各族干部群众普遍关心的重点、难点和热点，扩大监督内容，拓宽监督覆盖面。既要规范工作程序，又要创新方式方法，建立各部门各方面协调配合的长效机制，形成合力，确保各项法律规定真正落到实处。五是培养民族机关自治意识和责任意识。其关键在于民族自治地方自治机关能够充分而有效地行使公共权力，履行政府各项职责，合理配置各种资源，为民族地区经济社会发展营造良好的发展空间。既要通过完善民主协商决策机制，妥善处理民族自治地方内部的民族关系，又要增强民族自治地方自治机关的自治意识和自治能力，保障自治权的积极行使。同时，要不断强化上级国家机关的责任意识，保障民族地方自治权的有效行使。

第七章
典型调研报告：甘孜州贫困现状调查与反贫困对策研究

2015 年 8 月，课题组一行 7 人先后在甘孜州的康定县、道孚县、色达县、炉霍县进行实地调研，召开政府部门座谈会，走访扶贫移民局、统计局等单位，对典型贫困农牧民进行问卷调查。

一、甘孜州整体基本现状

甘孜藏族自治州位于青藏高原东南缘，四川盆地西部，东邻阿坝州和雅安市，南连凉山州和迪庆州，西沿金沙江与西藏自治区昌都地区隔江相望，北接青海省玉树和果洛两个藏族自治州，辖区面积 15.37 万平方千米，境内 18 个县（市）的县（市）府驻地与省会成都的平均距离为 733 千米，北部地区的石渠、南部地区的得荣两县县府驻地距成都分别为 1061 千米和 1016 千米。辖区内金沙江、雅碧江、大渡河三大干流纵贯全境，集森林、草地、冰川、湿地于一体。18 个县城平均海拔为 3100 米，县域平均海拔为 4113 米，其中，有 13 个县平均海拔在 4000 ~ 4500 米，5 个县平均海拔在 3600 ~ 4000 米，全州年平均气温为 7.8℃，平均氧气含量不足平原的 60%，人均寿命比内地人口少 6 ~ 12 年，属于典型的高寒民族地区。全州有 70% 的人口生活在高山峡谷和交通闭塞区域，1/3 的地区缺乏生存条件。甘孜州地处青藏高原东南缘，境内多低温、干旱、霜冻、冰雹、风雪、泥石流和病虫害等自然灾害。全州居住在生存条件十分恶劣、生存环境十分脆弱地区的农牧民人口高达 20 万人，居住在山体滑坡、泥石流、地震等严重自然灾害频发区的农牧民人口达 15 万人。

全州辖 18 个县（市），325 个乡镇，2814 个行政村，其中 5 个县为国家重点贫困县、7 个县是革命老区县。2014 年末常住人口 114.79 万人，核定贫困人口 17.45 万人。2014 年全州农牧民人均纯收入达到 6307.24 元，同四川省的 8803 元相比人均相差 2496 元，仅约全省人均纯收入的 71.65%，比全省排名倒数第二的阿坝州还要低 1561 元，其中全州最低的色达县仅有 4666 元。2014 年，农村人口人均耕地拥有面积下降到 1.44 亩[①]，人地矛盾日益突出，有效灌溉面积仅占耕地资源总数的 27.99%，纯粹属于靠天吃饭的农业，90% 以上地区农作物为一年一熟，人均占有粮食仅 259.8 千克，远远不能自给自足。2014 年全州恩格尔系数为 59%，全州有 9 个县恩格尔系数超过 59%，其中石渠县达到 75%，处于绝对贫困状态。甘孜州贫困整体集中性、区域连片性、高寒特殊性的特征十分明显，是集“老、少、高、穷、山”为一体的典型集中连片和特殊类型贫困地区。

二、甘孜州贫困的总体现状与区域特征

（一）贫困面较大，区域特征明显

贫困面广、贫困程度深是甘孜州贫困的总体现状（表 7.1）。截至 2014 年末仍有贫困人口 17.3 万人，贫困发生率高达 18.4%，较当年全国农村贫困发生率（7.2%）高出 11.2 个百分点。全州贫困村有 1360 个，贫困村总户数为 65 367 户。因灾、因病返贫现象严重，长期贫困、代际贫困问题突出。从各县（市）情况来看，2014 年甘孜州贫困人口最多的为石渠县，有 19 992 人，最少的为得荣县有 5098 人。其中有石渠县、德格县、甘孜县等 10 个县市贫困人口过万人。贫困人口相比较多的为石渠县和德格县两县贫困人口均接近 2 万人，分别为 19 992 人和 19 251 人。从各县（市）贫困发生率来看，乡城县贫困发生率最高，为 23.60%，最低为九龙县，但贫困发生率也高达 14.90%。

表 7.1　2014 年甘孜州贫困发生率情况统计

县（市）	乡村人口数 / 人	贫困人口数 / 人	贫困发生率 /%
康定市	74 477	13 499	18.13
泸定县	67 321	13 892	20.64
丹巴县	50 821	9 283	18.27
九龙县	63 000	9 385	14.90

① 1 亩≈666.67 平方米。

续表

县（市）	乡村人口数 / 人	贫困人口数 / 人	贫困发生率 /%
雅江县	44 009	9 140	20.77
道孚县	49 187	11 046	22.46
炉霍县	41 020	9 258	22.57
甘孜县	63 625	14 142	22.23
新龙县	44 855	9 789	21.82
德格县	82 999	19 251	23.19
白玉县	49 682	11 199	22.54
石渠县	90 853	19 992	22.00
色达县	47 611	10 746	22.57
理塘县	61 218	13 757	22.47
巴塘县	46 629	10 467	22.45
乡城县	25 000	5 900	23.60
稻城县	27 630	5 737	20.76
得荣县	22 297	5 098	22.86

（二）交通基础明显滞后，自身建设能力极弱

通过近几年努力，甘孜州交通建设实现历史性跨越，交通投资破百亿元。建成三级以上路面2700余千米，通乡油路399.50千米、通村公路1499.60千米，新增农村客运班线32条、客运站（点）683个。然而就贫困县村级道路来看，交通基础设施仍然明显滞后（表7.2）。截至2014年全州尚未开通高速公路，二级公路里程仅为281.7千米。通二级以上公路的县城仅有4个，分别为康定市、丹巴县、石渠县、稻城县，仅占总县数的22.22%。仅有487个行政村通公路，占比仅为17.81%，其中雅江县、道孚县、炉霍县、甘孜县、石渠县和得荣县等6个县通公路的行政村比例不到10%；681个村通客运班车，占比仅为22.60%，其中九龙县、雅江县、新龙县、白玉县、色达县、理塘县和得荣

县等7个县通客运班车村比例不到10%。从交通基础投资资金来源看，主要是中央资金投入。2014年甘孜州交通部门投资资金为72 559万元，其中中央投资投入占比高达82.36%，其中康定市、泸定县、丹巴县、雅江县、道孚县、炉霍县、甘孜县、白玉县、色达县、理塘县和稻城县等11个县村级道路资金投入全部为中央资金投入，九龙县、乡城县和得荣县3个县有省级资金投入，新龙县、石渠县和巴塘县3个县有市县级资金投入，地方在贫困村道路建设方面自身能力极弱。

表7.2　2014年甘孜州贫困县村级道路畅通情况

地区	行政村数	通二级以上高级公路县城数	二级以上高等级公路里程数/千米	高速公路里程数/千米	通公路行政村数/个	通客运班车行政村数/个	交通部门资金总投入/万元	中央资金投入/万元	省级资金投入/万元	市县级资金投入/万元
康定市	235	1	124.0	0.0	90	25	11 637.0	11 637.0	0.0	0.0
泸定县	145	0	0.0	0.0	65	30	8 244.0	8 244.0	0.0	0.0
丹巴县	181	1	114.0	0.0	112	112	2 191.0	2 191.0	0.0	0.0
九龙县	63	0	0.0	0.0	37	6	9 200.0	0.0	9200.0	0.0
雅江县	113	0	0.0	0.0	9	5	834.0	834.0	0.0	0.0
道孚县	158	0	0.0	0.0	9	35	3 800.0	3 800.0	0.0	0.0
炉霍县	171	0	0.0	0.0	7	157	1 435.0	1 435.0	0.0	0.0
甘孜县	220	0	0.0	0.0	13	86	4 326.0	4 326.0	0.0	0.0
新龙县	149	0	0.0	0.0	18	10	5 438.0	4 466.0	0.0	972.0
德格县	171	0	0.0	0.0	0	0	0.0	0.0	0.0	0.0
白玉县	156	0	0.0	0.0	17	9	1 700.0	1 700.0	0.0	0.0
石渠县	166	1	0.0	0.0	10	0	6 528.0	6 500.0	0.0	28.0
色达县	134	0	0.0	0.0	17	8	1 560.0	1 560.0	0.0	0.0
理塘县	214	0	0.0	0.0	32	4	4 245.0	4 245.0	0.0	0.0
巴塘县	122	0	0.0	0.0	13	19	3 224.0	2 015.0	0.0	1209.0

续表

地区	行政村数	通二级以上高级公路县城数	二级以上高等级公路里程数 / 千米	高速公路里程数 / 千米	通公路行政村数 / 个	通客运班车行政村数 / 个	交通部门资金总投入 / 万元	中央资金投入 / 万元	省级资金投入 / 万元	市县级资金投入 / 万元
乡城县	89	0	0.0	0.0	10	23	1 200.0	1 000.0	200.0	0.0
稻城县	121	1	38.7	0.0	17	80	760.0	760.0	0.0	0.0
得荣县	127	0	5.0	0.0	11	9	6 237.0	5 049.0	1188.0	0.0
全 州	2 735	4	281.7	0.0	487	618	72 559.0	59 762.0	10 588.0	2209.0

注：数据来源于扶贫对象基础信息管理系统，其中德格县数据不全暂不作分析。

（三）产业结构不合理，特色产业增收带动不足

产业发展是地区脱贫致富的内生动力，培育特色产业则是贫困地区实现造血机制的必然路径。产业结构是指各产业的构成及各产业之间的联系和比例关系。目前，包括我国在内的许多发达和发展中国家均采用三产产业结构模式：第一产业即农业部门；第二产业为工业，包括狭义上的工业以及建筑业；第三产业即为服务业。鉴于各国、各地具体实际尤其是资源禀赋的差异，三大产业配置比例的最优标准虽未形成完全的统一，但在许多方面也形成了一些共识：①遵循“三二一”原则，即经济发展最终应实现“以第三产业为主、第二产业次之、第一产业最末”的总体格局；②就具体比重而言，第一产业力争控制在 5% 以内，第二产业 30% 左右，第三产业达到 70% 左右。从现实发展来看，甘孜州仍然处于传统的第一产业为主导，第二、第三产业发展水平不高的状态，产业结构不合理，特色产业发展不足。2014 年甘孜州三次产业结构比例为 25.96 ∶ 38.38 ∶ 35.66，总体处于“二三一”产业结构水平。具体来看，第一产业占比为 25.96%，明显高于四川省的总体水平（12.4%），更高于全国总体水平（9.2%）。从各县（市）比较来看，第一产业比重最高的为石渠县，第一产业占比高达 95.27%，传统农牧业占据绝对主导地位；第一产业比重最低为康定市，占比为 8.55%。第三产业占比最高的为色达县，比例为 53.35%；第三产业占比最低的为石渠县，比例仅为 0.22%，还不足 1%。从产业结构类型来看，甘孜州总体及各县（市）均没有形成“三二一”最优结构水平。石渠县、乡城县、炉霍县、甘孜县、新龙县和德格县等 6 个县为“一三二”产业结构类型；道孚县、色达县、理塘县、稻城县和得荣县等 5

个县为“三一二”的产业结构类型；白玉县为“二一三”的产业结构类型；康定市、泸定县、丹巴县、九龙县、雅江县和巴塘县等6个县市为“二三一”的产业结构类型（表7.3）。

从特色旅游产业发展来看，2014年甘孜州开展乡村旅游的贫困村总数为41个，主要集中在康定市（2个）、泸定县（3个）、丹巴县（5个）、雅江县（2个）、新龙县（2个）、德格县（6个）、白玉县（1个）、石渠县（1个）、色达县（2个）、稻城县（12个）和得荣县（5个），其他7个县尚无贫困村参开展乡村旅游（表7.3）。从开展乡村旅游的贫困村占比来看，总体占比为1.50%，最高的为稻城县，占比为9.92%。乡村旅游接待游客195万人次，其中最多为丹巴县，高达80万人次。乡村旅游从业人数为5850人，最多为稻城县，为1900人。全州乡村旅游总收入为46 106.95万元，最高为得荣县，收入达26 000万元。全州村均收入为16.83万元，最高为得荣县，村均收入为204.72万元。

从产业发展的组织化程度及其产业发展支持情况来看，截至2014年甘孜州有农民专业合作组织333个，有农民专业合作组织的行政村数为202个，占比为7.39%（表7.4）。互助资金是指在贫困村建立的民有、民用、民管、民享、周转使用、滚动发展的生产发展资金，是当前贫困村实现自主生产经营的有效资金来源方式有效途径，也是反映贫困地区生产经营发展的重要指标之一。截至2014年，甘孜州有互助资金组织的行政村数为12个，占比为0.44%；参加贫困村互助资金组织户数为826户，占比为0.28%；互助资金借款户数为704户，占比为0.23%；贫困户借款户数为215户，占比仅为0.33%；互助资金累计借款人次为2311人，累计发放借款2416万元，户均发放借款仅为100元；贫困户借款为2250万元，户均借款也仅为300元。2014年甘孜州农林部门资金总投入为26 271.2万元，其中中央投资20 308.19万元，占比为77.30%，由此反映甘孜州第一产业发展对中央投资依赖程度较深（表7.4）。

从贫困县扶贫小额信贷情况来看，主要集中在丹巴县和得荣县，绝大多数县暂未开展扶贫小额信贷，且从小额信贷资金使用来看，主要集中在发展种植业、养殖业、加工业。此外，2014年甘孜州农村青年创业小额贷款为3138万元，主要集中在泸定县（100万元）、丹巴县（3000万元）、乡城县（25万元）和稻城县（13万元），其他14个县（市）则没有发放农村青年创业小额贷款。妇女小额贷款工作是促进妇女创业就业，助推妇女脱贫致富和特色产业发展的重要手段，2014年甘孜州妇女小额担保贷款为2315万元，主要集中在丹巴县（1500 万元）、雅江县（100 万元）、乡城县（257 万元）、稻城县（193 万元）和得荣县（260 万元），其他 13 个县（市）则没有妇女小额担保贷款。从农村青年小额贷款和妇女小额担保贷款两项指标可以看出，契合贫困农村地区的金融项目目前还仅为试点，尚未能更大范围推行，促进产业发展和增收效果极其有限（表 7.4，表 7.5）。

表 7.3　2014 年甘孜州贫困县产业结构与旅游产业发展情况

地区	第一产业占比/%	第二产业占比/%	第三产业占比/%	开展乡村旅游的贫困村		乡村旅游游客接待量/万人次	乡村旅游从业人员数/人	乡村旅游总收入/万元	村均收入/万元	农村居民人均收入/元
				村数	占比/%					
康定市	8.55	46.41	45.04	2	0.85	24.48	625	2 227.39	9.48	7 564.00
泸定县	16.22	50.53	33.25	3	2.07	12.00	500	900.00	6.21	6 655.74
丹巴县	26.04	42.18	31.78	5	2.76	80.00	545	3 700.00	20.44	7 317.00
九龙县	10.33	62.48	27.19	0	0.00	0.00	0	0.00	0.00	8 055.00
雅江县	26.12	39.02	34.86	2	1.77	14.00	400	100.00	0.88	6 240.00
道孚县	31.45	15.25	53.30	0	0.00	0.00	0	0.00	0.00	5 885.00
炉霍县	41.96	16.49	41.55	0	0.00	8.40	1350	2.56	0.01	5 808.00
甘孜县	53.51	8.42	38.07	0	0.00	0.00	0	0.00	0.00	6 014.00
新龙县	41.84	17.65	40.51	2	1.34	3.50	180	210.00	1.41	5 867.00
德格县	45.35	15.58	39.08	6	3.51	0.80	236	52.00	0.30	4 884.00
白玉县	30.76	48.25	20.99	1	0.64	12.08	60	11 900.00	76.28	5 929.00
石渠县	95.27	4.52	0.22	1	0.60	0.10	20	10.00	0.06	5 681.00
色达县	43.09	3.56	53.35	2	1.49	0.12	0	5.00	0.04	4 666.00
理塘县	38.30	20.75	40.94	0	0.00	0.00	0	0.00	0.00	5 737.00
巴塘县	25.35	47.84	26.81	0	0.00	0.00	0	0.00	0.00	5 999.00
乡城县	42.80	32.96	24.25	0	0.00	0.00	0	0.00	0.00	6 084.00
稻城县	31.11	29.44	39.45	12	9.92	6.00	1900	1 000.00	8.26	5 560.00
得荣县	32.79	30.08	37.12	5	3.94	34.00	34	26 000.00	204.72	5 900.00
全 州	25.96	38.38	35.66	41	1.50	195	5850	46 106.95	16.86	6 138.51

表 7.4　2014 年甘孜州贫困县特色产业组织化程度与支撑情况

地区	行政村数	贫困户数 / 户	农民专业合作组织数	有农民专业合作组织的行政村数	参加贫困村互助资金组织户数 / 户	互助资金借款户数 / 户	贫困户借款户数	互助资金累计借款人次 / 人次	互助资金累计发放借款 / 万元	贫困户借款 / 万元	贫困户户均借款 / 万元	农业、林业部门资金总投入 / 万元	中央资金投入 / 万元	省级资金投入 / 万元	市县级资金投入 / 万元	农村青年创业小额贷款 / 万元	妇女小额担保贷款 / 万元
康定县	235	4 205	120	30	0	0	0	0	0	0.00	0.00	5378.36	4287.5	581.68	509.18	0	0
泸定县	145	4 506	86	52	0	0	0	0	0	0.00	0.00	65.0	65.0	0	0	100.0	0
丹巴县	181	2 315	38	38	175	54	31	310	2 300.0	2 215.00	0.96	1200.0	1200.0	0	0	3000.0	1500.0
九龙县	63	2 648	23	14	650	650	184	2 000	90.0	35.00	0.01	0.0	0	0	0	0	0.0
雅江县	113	3 296	3	3	0	0	0	0	0	0	0	8488.0	5707.3	2660.70	120.0	0	100.0
道孚县	158	2 861	3	3	0	0	0	0	0	0	0	3899.67	3594.41	305.26	0	0	0
炉霍县	171	3 700	1	1	0	0	0	0	0	0	0	960.0	960.0	0	0	0	0
甘孜县	220	6 156	7	7	0	0	0	1	26.0	0	0	0	0	0	0	0	0
新龙县	149	2 514	1	1	0	0	0	0	0	0	0	112.75	0	0	0	0	0
德格县	171	9 607	6	3	0	0	0	0	0	0	0	0	0	0	0	0	0
白玉县	156	2 906	3	3	0	0	0	0	0	0	0	0	0	0	0	0	0
石渠县	166	6 144	1	3	1	0	0	0	0	0	0	680.0	680.0	0	0	0	5.0
色达县	134	3 110	0	0	0	0	0	0	0	0	0	0	0	0	0	0	0
理塘县	214	5 560	8	8	0	0	0	0	0	0	0	200.0	160.0	40.0	0	0	0
巴塘县	122	2 249	8	8	0	0	0	0	0	0	0	660.0	375.0	0	285.0	0	0
乡城县	89	1 464	6	9	0	0	0	0	0	0	0	565.0	0	565.0	0	25.0	257.0
稻城县	121	1 258	8	8	0	0	0	0	0	0	0	3957.42	3173.98	628.44	155.00	13.0	193.0
得荣县	127	868	11	11	0	0	0	0	0	0	0	105.0	105.0	0	0	0	260.0
全 州	2 735	65 367	333	202	826	704	215	2 311	2 416.0	2 250.0	0.03	26271.20	20308.19	4781.08	1069.18	3138.0	2315.0

表 7.5　2014 年甘孜州贫困县扶贫小额贷款情况统计

地区	扶贫小额信贷覆盖贫困村数		扶贫小额信贷贷款户数 / 户	扶贫小额信贷发放总额 / 万元	户均发放额 / 万元	发展种植业、林果业		发展养殖业		发展加工业		发展服务业、运输业		其他行业		支付扶贫小额信贷贴息资金 / 万元
	村数 / 个	占比 /%				资金 / 万元	占比 /%	资金 / 万元	占比 /%	资金 / 万元	占比 /%	资金 / 万元	占比 /%	资金 / 万元	占比 /%	
康定县	0	0	0	0	0	0	0	0	0	0	0	0	0	0	0	0
泸定县	0	0	0	0	0	0	0	0	0	0	0	0	0	0	0	0
丹巴县	5	9	155	0	0	0	0	0	0	0	0	0	0	0	0	0
九龙县	0	0	0	0	0	0	0	0	0	0	0	0	0	0	0	0
雅江县	0	0	0	0	0	0	0	0	0	0	0	0	0	0	0	0
道孚县	0	0	0	0	0	0	0	0	0	0	0	0	0	0	0	0
炉霍县	0	0	0	0	0	0	0	0	0	0	0	0	0	0	0	0
甘孜县	0	0	0	0	0	0	0	0	0	0	0	0	0	0	0	0
新龙县	0	0	0	0	0	0	0	0	0	0	0	0	0	0	0	0
德格县	0	0	0	0	0	0	0	0	0	0	0	0	0	0	0	0
白玉县	0	0	0	0	0	0	0	0	0	0	0	0	0	0	0	0
石渠县	0	0	0	0	0	0	0	0	0	0	0	0	0	0	0	0
色达县	0	0	0	0	0	0	0	0	0	0	0	0	0	0	0	0
理塘县	0	0	0	0	0	0	0	0	0	0	0	0	0	0	0	0
巴塘县	0	0	0	0	0	0	0	0	0	0	0	0	0	0	0	0
乡城县	0	0	0	0	0	0	0	0	0	0	0	0	0	0	0	0
稻城县	0	0	0	0	0	0	0	0	0	0	0	0	0	0	0	0
得荣县	7	11	200	1 000	5	73	7	95	10	210	21	0	0	623	62	50
全州	12	1	355	1 000	3	73	7	95	10	210	21	0	0	623	62	50

（四）生产生活条件较差，发展内生动力极其缺乏

生产生活条件是民生根本，同时也是贫困地区自我发展的内生要素。2014年甘孜州通电行政村数为2420个，占比为87.79%。其中泸定县、九龙县、炉霍县、石渠县、巴塘县、乡城县和得荣县等7个县实现行政村通电率100%，然而行政村通电率最低的白玉县，仅为60.90%。全州通生产用电的行政村有1731个，占比为62.60%，其中仅九龙县和巴塘县两个县实现行政村生产用电通电率100%，而新龙县、白玉县和石渠县3个县尚未有行政村通生产用电，色达县行政村生产用电通电率也仅为2.24%。全州通电户数为171 264户，其中仅泸定县和乡城县两个县通电用户全覆盖，通电户数最少为德格县，通电户覆盖率仅为2.51%，康定市、甘孜县、新龙县、德格县、石渠县和色达县等6个县（市）通电用户覆盖不到50%。全州无电人口为113 695人，占比为10.59%，其中仅泸定县、九龙县、德格县、巴塘县、乡城县和得荣县等6个县实现了用电人口全覆盖。道孚县、新龙县、石渠县和色达县4个县无电人口数过万人，其中石渠县无电人口更是多达35 000人，无电人口率高达35.82%。能源建设能力来看，2014年甘孜州能源部门资金总投入28.14亿元，其中中央资金投入占63.79%，道孚县、炉霍县、石渠县、理塘县、巴塘县、得荣县等能源资金投入对中央资金依赖率为100%，由此说明能源建设以改变生产生活条件，当期自身能力极其缺乏。安全饮水是关系居民身体健康的重要指标，同时更是反映居民生活质量的刻量指标。2014年全州已实现安全饮水人数为511 402人，占比为45.35%，也即安全饮水人口不到一半。比较来看，雅江县、白玉县、乡城县情况相对较好，安全饮水人口覆盖率分别达99.82%、94.35%、100.00%。而泸定县、丹巴县等11个县安全饮水人口覆盖率不足50%。相比之下，由于全社会对教育高度重视，学校安全饮水情况相比较好。2014年全州已解决安全饮水农村学校数为339个，占比为73.12%，其中九龙县、雅江县等7个县实现了解决安全饮水学校率100%。从居住条件来看，2014年全州危房户数为23 672户，危房户率为7.89%，其中泸定县、丹巴县等8个县危房户数过千户，危房户率也相对较高，其中危房户率最高为稻城县，高达35.13%，此外得荣县也高达31.31%。从信息化基础条件来看，2014年全州通宽带网路的行政村数为840个，占比仅为30.71%。从各县（市）比较来看，差异非常明显。通宽带网络的行政村率最高的为乡城县，比例为100%。而九龙县、雅江县等9个县通宽带网络的行政村率还不到10%（表7.6）。

表 7.6　2014 年甘孜州贫困县生产生活条件统计

地区	通电行政村数 / 个	通生产用电行政村数 / 个	通电户数 / 户	无电人口数 / 人	已实现安全饮水人口		已解决安全饮水农村学校数		危房户数（户）	通宽带网络行政村	
					人数 / 人	占比 /%	校数 / 个	占比 /%		村数 / 个	占比 /%
康定市	221	221	13 928	5 000	74 765	55.77	43	73.00	574	140	59.57
泸定县	145	40	31 700	0	22 900	25.91	4	25.00	1 162	119	82.07
丹巴县	158	158	14 750	2 518	9 472	15.71	26	56.52	4 383	158	87.29
九龙县	63	63	14 000	0	45 000	66.69	18	100.00	3 800	5	7.94
雅江县	96	80	11 672	5 336	50 279	99.82	33	100.00	637	9	7.96
道孚县	140	140	8 876	14 076	6 598	11.52	40	100.00	795	46	29.11
炉霍县	171	140	7 608	4 600	21 870	45.47	6	40.00	393	16	9.36
甘孜县	179	179	6 459	6 248	50 000	70.66	20	90.00	867	10	4.55
新龙县	100	0	1 053	13 904	29 140	56.69	23	100.00	1 203	5	3.36
德格县	130	130	520	0	23 000	25.94	16	61.50	269	0	0.00
白玉县	95	0	8 256	8 498	51 740	94.35	12	57.00	72	34	21.79
石渠县	166	0	9 001	35 000	7 200	7.37	18	70.00	3 195	8	4.82
色达县	98	3	2 453	13 917	19 919	37.82	10	48.20	277	13	9.70
理塘县	208	208	14 662	4 030	34 100	49.69	24	100.00	309	22	10.28
巴塘县	122	122	12 600	0	25 200	47.09	19	100.00	592	114	93.44
乡城县	89	45	5 160	0	25 414	100.00	13	100.00	1 000	89	100.00
稻城县	112	112	4 929	568	2 805	8.76	2	15.00	2 508	40	33.06
得荣县	127	90	3 637	0	12 000	45.95	12	80.00	1 636	12	9.45
全 州	2 420	1 731	171 264	113 695	511 402	45.35	339	73.12	23 672	840	30.71

（五）社会事业发展落后，民生改善难度较大

从教育方面来看（表 7.7），2014 年甘孜州学前三年教育平均入园率为 67.89%，仅相当于 2013 年全国平均水平，明显低于同期西部的贵州省的 74% 水平，更低于同期东部发达省份广东省的 95.67% 水平。高中阶段教育毛入学率为 66.06%，低于同期全国 86.5% 的平均水平①，更低于同期东部发达省份广东省 95.9% 的水平②。九年义务教育阶段平均巩固率为 91.42%，低于同期全国 92.6% 的平均水平，更不用说与发达城市杭州市比较。2014 年杭州市小学和初中入学率、巩固率均保持 100%，高中阶段毛入学率达 99.7%。此外，各县（市）教育事业发展水平差异巨大，2014 年学前三年教育平均入园率最高为丹巴县和炉霍县，为 100%；最低为得荣县，仅为 19.98%。最高与最低相差 80 余个百分点，相差近 4 倍，其变异系数高达 38.34%。2014 年高中阶段毛入学率最高为丹巴县，为 100%；最低为稻城县，为 2.73%。最高与最低相差 97 多个百分点，相差近 35 倍，变异系数为 48.21%。2014 年九年义务教育巩固率最高为丹巴县、九龙县、炉霍县、德格县和乡城县，巩固率为 100%；最低为道孚县，巩固率仅为 48.89%。最高与最低地区相差近 52 个百分点，变异系数为 14.94%。

从卫生事业发展来看（表 7.7），2014 年甘孜州有卫生室的行政村数为 2175 个，占比为 79.52%。其中卫生室行政村拥有率最高为丹巴县、德格县和石渠县，拥有率为 100%；最低为色达县，拥有率仅为 4.48%。甘孜州每千人医疗卫生机构床位数为 23.23 张，其中雅江县和色达县情况较好外，分别达到 189 张和 149 张，绝大部分县还不足 10 张。全州每千人卫生计生技术人员数为 12.40 人，其中雅江县、色达县和丹巴县情况较好，分别为 99 人、67 人和 43 人，其他 15 县（市）均不足 10 人。全州县域外平均转诊率为 19.79%，其中炉霍县、甘孜县、色达县、乡城县、九龙县等比例较高，县域外平均转诊率分别为 60%、50%、53%、50%、40%。

从文化事业来看（表 7.7），2014 年甘孜州有县级公共图书馆 16 个，其中丹巴县、色达县尚无县级公共图书馆。全州有县级文化馆 17 个，其中色达县尚无县级文化馆。全州有文化 / 图书室的行政村占比为 71.92%，其中康定县、泸定县、道孚县等 9 个县有文化 / 图书室的行政村占比为 100%。全州通广播电视行政村占比为 75.36%，其中康定市、泸定县、九龙县、雅江县、道孚县、

①数据来源：2014 年全国教育事业发展统计公报。

②数据来源：罗伟其同志在 2015 年广东省教育纪检监察暨教育审计工作会议上的讲话。

炉霍县、白玉县、理塘县、巴塘县、乡城县、稻城县、得荣县等12个县市实现全覆盖，其他6个县尚未实现广播电视行政村全覆盖。全州通广播电视自然村比例为62.49%，其中康定市、泸定县、雅江县、石渠县、巴塘县、乡城县、稻城县等7个县市实现广播电视自然村全覆盖，其他11个县则未实现自然村全覆盖，其中德格县广播电视自然村覆盖率仅为3.76%。

从甘孜州社会事业发展的资金投入来看，2014年卫生事业中央资金投入占比高达62.76%，文化事业中央资金投入占比为81.68%，教育事业中央资金投入占比为42.90%，而省级和县（市）资金投入占比较小，社会事业发展对中央投资依赖程度高，自身发展基础薄弱，提升能力不足，民生改善难度较大。

表7.7　2014年甘孜州贫困县社会事业发展情况

地区	学前三年教育平均入园率/%	高中阶段教育毛入学率/%	九年义务教育阶段平均巩固率/%	有卫生室行政村数率/%	县域外平均转诊率/%	每千人口医疗卫生机构床位数/张	每千人口卫生计生技术人员数/人	有文化/图书室行政村率/%	通广播电视行政村数率/%	通广播电视自然村数率/%
康定市	47.00	87.40	99.30	88.94	24.60	3.00	2.00	100.00	100.00	100.00
泸定县	80.75	100.00	97.93	82.07	3.00	5.00	4.00	100.00	100.00	100.00
丹巴县	100.00	94.00	100.00	100.00	0.00	67.00	43.00	87.29	82.87	82.87
九龙县	65.00	98.00	100.00	79.37	40.00	30.00	6.00	28.57	100.00	23.95
雅江县	70.00	75.20	95.00	90.27	0.00	189.00	99.00	15.04	100.00	100.00
道孚县	52.01	71.80	48.89	87.34	2.60	2.00	4.00	100.00	100.00	31.10
炉霍县	100.00	98.00	100.00	65.50	60.00	2.00	5.00	100.00	100.00	89.29
甘孜县	85.00	95.00	78.00	99.55	50.00	2.00	3.00	99.55	11.82	97.73
新龙县	89.24	26.84	69.93	65.77	22.00	2.00	4.00	63.76	54.36	15.23
德格县	30.00	20.00	100.00	100.00	0.00	0.00	0.00	0.00	0.00	3.76
白玉县	52.87	85.79	82.59	93.59	18.00	4.00	6.00	100.00	100.00	50.00
石渠县	92.00	38.00	95.00	100.00	0.00	0.00	0.00	13.25	13.25	100.00
色达县	94.50	92.20	97.40	4.48	53.00	149.00	67.00	12.69	50.75	31.67
理塘县	44.50	49.20	99.20	70.56	0.00	6.00	4.00	100.00	100.00	74.83

续表

地 区	学前三年教育平均入园率 /%	高中阶段教育毛入学率 /%	九年义务教育阶段平均巩固率 /%	有卫生室行政村数率 /%	县域外平均转诊率 /%	每千人口医疗卫生机构床位数 / 张	每千人口卫生计生技术人员数 / 人	有文化 / 图书室行政村率 /%	通广播电视行政村数率 /%	通广播电视自然村数率 /%
巴塘县	98.00	80.40	98.00	39.34	6.00	4.00	1.00	4.10	100.00	100.00
乡城县	34.12	47.00	100.00	78.65	50.00	18.00	2.00	100.00	100.00	100.00
稻城县	67.00	2.73	93.25	90.91	18.00	2.00	3.00	100.00	100.00	100.00
得荣县	19.98	27.58	91.11	62.20	9.00	4.00	6.00	100.00	100.00	97.60
全 州	67.89	66.06	91.42	79.52	19.79	23.23	12.40	71.92	75.36	62.49

（六）致贫原因特殊且错综交织，标准化扶贫政策难以奏效

甘孜州作为典型的高寒藏区，其致贫原因带有自然性、区域性、民族性、人文性，主客观相结合，具有多样性和特殊性，且特殊致贫因素错综交织，导致其贫困具有极其特殊性。在最主要致贫原因中，缺资金农户占比最高，为27.45%，其余依次为缺技术农户占比22.09%、缺劳动力农户占比12.15%、交通条件落后农户占比10.68%、自身发展力不足农户占比10.15%、因病致贫农户占比7.74%、因学致贫农户占比3.60%、缺土地农户占比2.16%、其他因素农户占比1.79%、因灾致贫农户占比1.48%、缺水农户占比0.48%、因残致贫农户占比0.23%（图7.1，表7.8）。首先，这些因素带有明显的自然性和区域性，缺水、缺土地、交通条件落后、因灾致贫等均与其高山、高海拔的特殊地理区位和自然环境有关。自身发展力不足、缺资金又有其生产经营方式因素，而生产经营中带有明显的民族性和人文性，比如“畜多为富、畜多为荣”“不杀生”等落后的传统观念还束缚着广大牧民的思想，加之受宗教因素影响，严重影响牲畜出栏。其次，这些因素还往往错综交织，比如缺水与因病致贫，因病致贫与缺资金，缺技术与缺资金、缺劳动力，一个因素往往是另外一个因素的潜在因素或直接诱因，而这些因素多样化交织。再次，致贫因素带有极其特殊性，不同于一般内陆地区的致贫因素。例如，缺水，既不属于内陆平原地区单纯的工程性缺水，也不属于单纯的季节性缺水，而是自然和地理性缺水，一般措施难以解决。还比如，因病致贫，这些病不同于内陆地区一般的传染病，而是与地方自然气候、生活方式密切相关的地方性高原疾病。一方面，高寒藏

区自然气候与农牧民生活方式的固化，导致疾病的防治难度加大。另一方面，这些疾病其危害性比一般内陆传染病大，如包虫病、大骨节病、肺结核等地方疾病能较快导致农牧民贫穷甚至死亡，尤其是包虫病其危害性甚为严重。因此，当地流传“小病拖、大病扛、熬不过去见阎王”等恐病谚语。

从各县（市）横向比较来看，因病致贫方面，比例较高的县（市）分别为得荣县（26.96%）、康定市（24.68%）、丹巴县（22.72%）、九龙县（21.37%）、巴塘县（17.12%）；因残致贫方面，比例总体上较低，相对较高分别为丹巴县（1.34%）、雅江县（1.15%）；因学致贫方面，比例较高的县（市）分别为九龙县（25.38%）、丹巴县（12.92%）、巴塘县（12.72%）；因灾致贫方面，比例较高的县（市）分别为炉霍县（8.30%）、德格县（3.82%）、巴塘县（3.60%）；缺土地方面，比例相对较高的县（市）分别为康定市（6.75%）、乡城县（6.08%）、炉霍县（5.84%）、九龙县（5.82%）、甘孜县（5.31%）；缺水方面，比例较高的县（市）分别为甘孜县（2.40%）、理塘县（1.04%）；缺技术方面，比例总体较高，相对较高的县（市）分别为稻城县（39.67%）、得荣县（38.82%）、理塘县（33.33%）、炉霍县（32.08%）、泸定县（31.11%）；缺劳动力方面，比例较高的县（市）分别为乡城县（74.45%）、道孚县（28.91%）、石渠县（26.30%）、巴塘县（25.66%）；缺资金方面，比例总体上较高，相对较高的县（市）分别为理塘县（51.04%）、稻城县（42.61%）、泸定县（36.86%）、德格县（34.81%）、雅江县（33.46%）；交通条件落后方面，比例相对较高的县（市）分别为德格县（29.32%）、白玉县（27.46%）、色达县（18.84%）、炉霍县（13.76%）、甘孜县（11.37%）；自身能力发展不足方面，比例相对较高的县（市）分别为色达县（36.11%）、泸定县（24.52%）、德格县（13.45%）、甘孜县（12.13%）、白玉县（11.53%）。

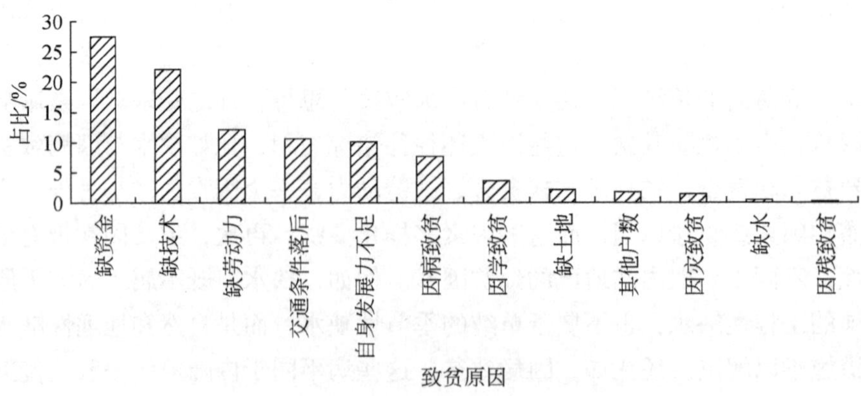

图 7.1　贫困户主要致贫原因占比情况

表 7.8　贫困户主要致贫原因情况统计表

地区	总户数/户	因病户数/户	因病致贫比例/%	因残致贫户数/户	因残致贫比例/%	因学致贫户数/户	因学致贫比例/%	因灾致贫户数/户	因灾致贫比例/%	缺土地致贫户数/户	缺土地致贫比例/%	缺水致贫户数/户	缺水致贫比例/%	缺技术户数/户	缺技术比例/%	缺劳力户数/户	缺劳力比例/%	缺资金户数/户	缺资金比例/%	交通条件落后户数/户	交通条件落后比例/%	自身发展力不足户数/户	自身发展力不足比例/%	其他因素致贫户数/户	其他因素致贫比例/%
康定市	4 205	1 038	24.68	26	0.62	340	8.09	42	1.00	284	6.75	1	0.02	725	17.24	409	9.73	912	21.69	102	2.43	215	5.11	111	2.64
泸定县	4 506	115	2.55	0	0.00	52	1.15	0	0.00	95	2.11	2	0.04	1 402	31.11	60	1.33	1 661	36.86	13	0.29	1 105	24.52	1	0.02
丹巴县	2 315	526	22.72	31	1.34	299	12.92	5	0.22	11	0.48	1	0.04	323	13.95	260	11.23	595	25.70	77	3.33	174	7.52	13	0.56
九龙县	2 648	566	21.37	7	0.26	672	25.38	35	1.32	154	5.82	7	0.26	260	9.82	347	13.10	404	15.26	105	3.97	58	2.19	33	1.25
雅江县	3 296	323	9.80	38	1.15	211	6.40	35	1.06	40	1.21	25	0.76	974	29.55	253	7.68	1 103	33.46	153	4.64	123	3.73	18	0.55
道孚县	2 861	225	7.86	14	0.49	143	5.00	14	0.49	62	2.17	4	0.14	488	17.06	827	28.91	832	29.08	129	4.51	105	3.67	18	0.63
炉霍县	3 700	319	8.62	9	0.24	105	2.84	307	8.30	216	5.84	3	0.08	1 187	32.08	232	6.27	697	18.84	509	13.76	112	3.03	4	0.11
甘孜县	6 157	188	3.05	0	0.00	31	0.50	4	0.06	327	5.31	148	2.40	1 843	29.93	529	8.59	1 631	26.49	700	11.37	747	12.13	9	0.15
新龙县	2 514	123	4.89	7	0.28	129	5.13	7	0.28	15	0.60	1	0.04	625	24.86	283	11.26	721	28.68	94	3.74	109	4.34	400	15.91
德格县	9 607	105	1.09	0	0.00	1	0.01	367	3.82	25	0.26	14	0.15	1 017	10.59	615	6.40	3 344	34.81	2 817	29.32	1 292	13.45	10	0.10
白玉县	2 906	265	9.12	2	0.07	23	0.79	11	0.38	16	0.55	14	0.48	493	16.96	455	15.66	450	15.49	798	27.46	335	11.53	44	1.51
石渠县	6 144	544	8.85	1	0.02	11	0.18	57	0.93	6	0.10	16	0.26	1 785	29.05	1616	26.30	1 257	20.46	511	8.32	261	4.25	79	1.29
色达县	3 110	49	1.58	0	0.00	3	0.10	0	0.00	9	0.29	13	0.42	473	15.21	211	6.78	352	11.32	586	18.84	1 123	36.11	291	9.36
理塘县	5 560	0	0.00	0	0.00	2	0.04	3	0.05	32	0.58	58	1.04	1 853	33.33	0	0.00	2 838	51.04	236	4.24	419	7.54	119	2.14
巴塘县	2 249	385	17.12	9	0.40	286	12.72	81	3.60	23	1.02	7	0.31	139	6.18	577	25.66	515	22.90	91	4.05	114	5.07	22	0.98
乡城县	1 464	40	2.73	0	0.00	22	1.50	0	0.00	89	6.08	0	0.00	16	1.09	1090	74.45	43	2.94	45	3.07	119	8.13	0	0.00
稻城县	1 258	14	1.11	0	0.00	6	0.48	0	0.00	1	0.08	1	0.08	499	39.67	99	7.87	536	42.61	9	0.72	93	7.39	0	0.00
得荣县	868	234	26.96	6	0.69	18	2.07	0	0.00	5	0.58	0	0.00	337	38.82	77	8.87	55	6.34	4	0.46	132	15.21	0	0.00
全州	65 368	5 059	7.74	150	0.23	2 354	3.60	968	1.48	1 410	2.16	315	0.48	14 439	22.09	7 940	12.15	17 946	27.45	6 979	10.68	6 636	10.15	1 172	1.79

三、甘孜州农户贫困现状与认知的调查分析

通过抽样调查，由于语言障碍和随机选样结果，本研究选择康定市、道孚县、色达县和炉霍县抽样调查的61份有效问卷作为样本进行分析，调查主要涉及的民族为藏族、汉族。调查问卷包括调查样本基本信息、生产生活情况、贫困认知与意愿、政策参与及评价、对反贫困的建议等五大部分。

（一）调查样本的基本信息

根据调查样本性别年龄交叉统计分析来看，被调查者群体主要集中在30 ~ 59岁年龄层人群，占到样本总数的77.05%，且总体上呈现中老年趋势；男性及女性受访者人数分别为41人、20人，占比分别是67.21%、32.79%，相对而言，男性比重较大，在一定程度上揭示藏区男性占据家庭主导的现实。具体分年龄结构来看，被调查者中，29岁及以下有2人，占样本总数比为3.28%，其中男性为1人，占比为50%，女性为1人，占比为50%；30 ~ 39岁为15人，占样本总数的24.59%，其中男性13人，占比为86.67%，女性2人，占比为13.33%；40 ~ 49岁为15人，占样本总数的24.59%，其中男性10人，占比为66.67%，女性为5人，占比为33.33%；50 ~ 59岁为17人，占样本总数的27.87%，其中男性13人，占比为76.47%，女性为4人，占比为23.53%；60岁及以上为12人，其中男性为4人，占比为33.33%，女性为8人，占比为66.67%（表7.9）。样本选择和调查者性别分布，基本符合户主以男性为主的国情特征，同时也符合藏区老年家庭人口女性化趋势。被调查者的文化程度总体较低，其中小学及以下文化程度占比高达86.88%，初中文化程度占比为9.84%，高中或中专文化程度占比为3.28%（图7.2）。从被调查的职业类型来看，主要集中在务农，占比高达73.76%，这与贫困主体职业特征是相符合的。其次分别为外出务工、其他、个体经营、乡镇企事业单位，占比分别为11.48%、6.56%、4.92%、3.28%，其他类型主要为兼业型或职业不固定型（图7.3）。从健康状况来看，尽管健康群体占大多数，占比为62.30%，然而不健康群体比重仍显较高，总共占比为37.70%，其中体弱多病、长期慢性病、患有大病、残疾等比例分别为13.11%、11.48%、4.91%、8.20%（图7.4）。调查样本全年在家时间为11.3个月，在家务农和在县内务工比例为78.69%，新型农村合作医疗参合率为95.08%，低于甘孜州全州99.13%的平均水平，更低于四川省99.35%的平均水平。养老保险参保率为68.85%，明显低于全国平均水平。

表 7.9　被调查者的年龄和性别的交叉分析

年龄	性别					
	男		女		合计	
	样本数	占比	样本数	占比	样本数	占比
29 岁及以下	1	50%	1	50%	2	3.28%
30 ~ 39 岁	13	86.67%	2	13.33%	15	24.59%
40 ~ 49 岁	10	66.67%	5	33.33%	15	24.59%
50 ~ 59 岁	13	76.47%	4	23.53%	17	27.87%
60 岁及以上	4	33.33%	8	66.67%	12	19.67%
合计	41	67.21%	20	32.79%	61	100%

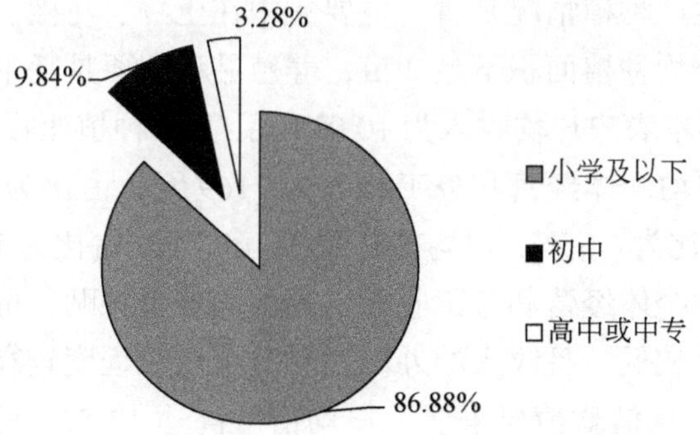

图 7.2　调查样本的文化程度

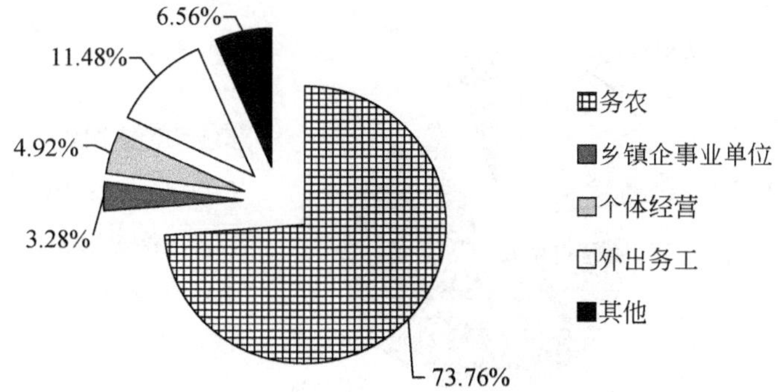

图 7.3　调查样本的职业类型

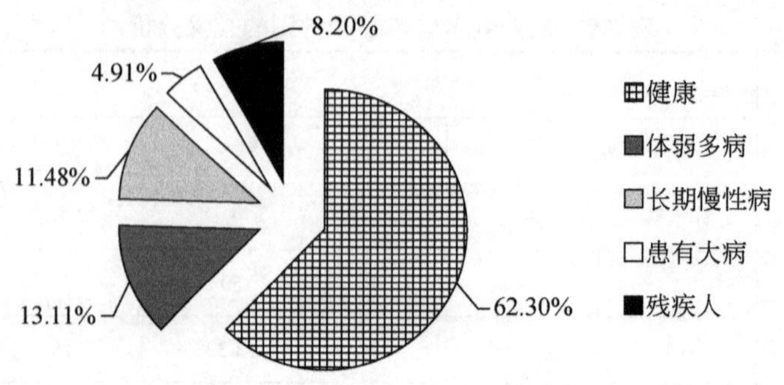

图 7.4　调查样本的健康状况

（二）贫困农户生产生活情况

（1）收入外向性和政策依赖程度较高，净收入为负增长

从贫困农户生产种植情况来看，主要集中在土豆、花椒、草药、玉米、青稞等作物品种，户均种植面积不足 2 亩，养殖品种主要是牦牛和马，且规模极小。2014 年调查样本农户户均收入为 10 033 元，其中种植业收入为户均 521 元，占比为 5.19%；户均个体经营和务工收入为 7169 元，占比为 71.45%；户均养殖收入 656 元，占比为 6.55%；户均补贴收入 1687 元，占比为 16.81%（图 7.5）。其中占比最高的为个体经营和务工收入，其次为各类补贴。可以看出，甘孜州农牧民，收入水平较低，且收入的外向性和政策依赖程度较高，而产业内生增长收益极为有限。从借款情况来看，户均借款高达 19 820 元，最高借款户借款金额达 20 万元，且 2014 年较 2013 年有增长态势，因此从总体收入方面来看，农户实现脱贫的难度较大。从总体上看，农户净收入处于负增长状态。

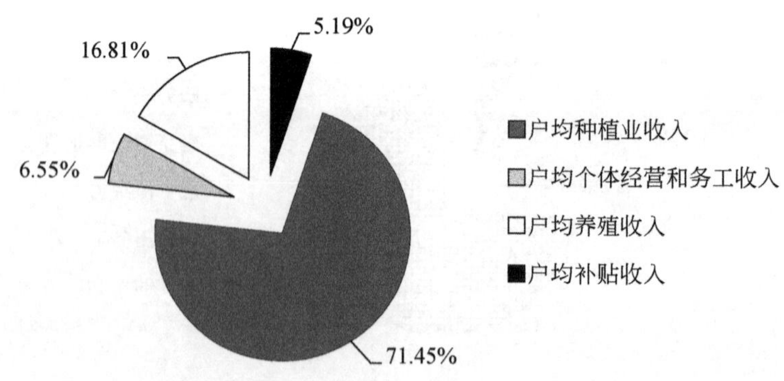

图 7.5　调查样本的户均收入构成情况

（2）食物和教育支出平均占比最高，医疗平均支出明显下降

2014年甘孜州贫困农户户均总支出为10 327元，其中户均生产支出996元，占比为8.80%；户均食物支出4311元，占比为38.07%；户均教育支出3264元，占比为28.83%；户均食物和教育支出占比高达66.90%，在户均支出中占据绝对比例。户均衣着支出1036元，占比为9.15%；户均医疗支出672元，占比为5.93%；户均文化支出108元，占比为0.95%；户均人情支出800元，占比为7.07%；户均宗教信仰支出136元，占比为1.20%（图7.6）。食物支出和教育支出比例较高，主要是由于贫困农户大多地处高寒山区且地广人稀，生产生活条件恶劣，农业产量低，生产成本高，子女教育就学路程远，成本高，因此导致支出较高。医疗支出占比相对较低，且较2013年的3415元有明显下降，究其原因可能是由于国家对于地方病的预防成效和新型农村合作医疗的保障，此外也可能是由于样本选择的原因。

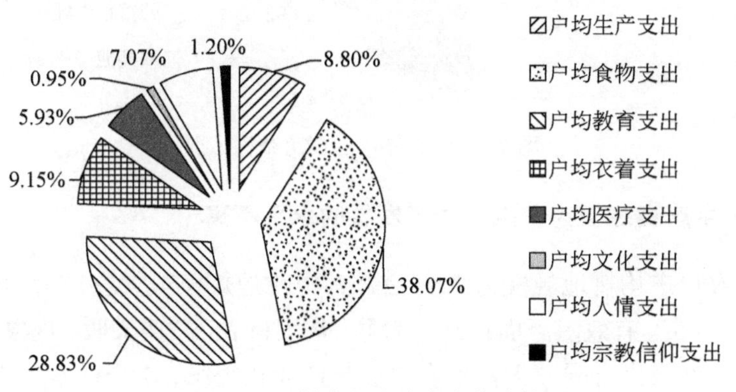

图7.6　调查样本的户均支出构成情况

（3）生活条件差异大，基本公共服务较为滞后

2014年调查样本户均住房面积为99.83平方米，然而样本农户之间差异较大，农户住房面积最大为480平方米，最小仅为30平方米，差距极为显著。从住房结构来看，钢筋混凝土结构仅有3户，占比为4.92%；砖混材料结构有12户，占比为19.67%；砖瓦砖木结构有43户，占比为70.49%；竹草土坯结构有2户，占比为3.28%；其他结构有1户，占比为1.64%（图7.7）。从建房时间来看，住房质量较好均为近年来新建房屋，其中3户钢筋混凝土结构住房均为2014年新建住房。从生活主要燃料类型来看，其中仅3户样本农户同时干畜粪便和秸秆、清洁能源，1户样本农户使用的是其他能源，其他所有农户生活燃料均为使用干畜粪便和秸秆。96.72%的样本农户通生活用电，9.84%

的农户饮水存在困难，11.48%的农户饮水不安全，距离村主干路户均距离为63.59米，入户路主要为泥土公路和沙石公路，仅59.02%的农户有卫生厕所，仅21.31%样本户所在乡村有村级标准化卫生室，80.33%的样本农户通广播电视。户均距离最近的集市约13千米，其中最远的农户距离30千米，最近的农户距离1千米。交通工具以摩托车为主，少量交通方式为乘坐拖拉机和步行。户均到最近集市的花费的时间为33.08分钟，其中到最近集市花费时间最多的农户为90分钟，花费时间最少的农户为10分钟。总体而言，样本农户生活水平不高，且农户之间差异明显。

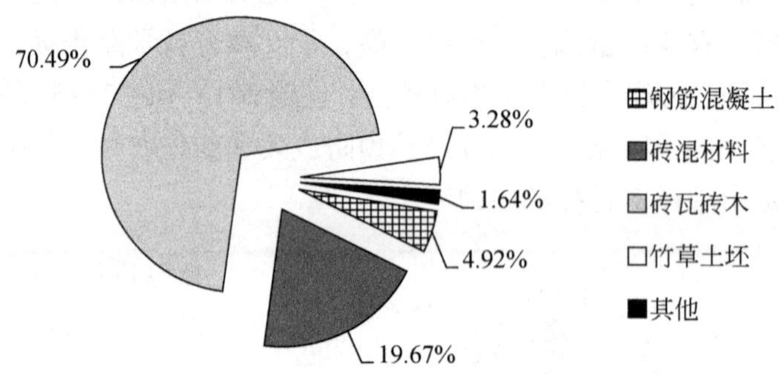

图7.7　调查样本的住房结构情况

（4）生产资源极为有限，生产发展的水平不高

样本农户户均耕地规模为2.69亩，其中耕地规模最大农户为20亩，最小的农户仅0.4亩。有效灌溉面积几乎为零，贫困村农田“望天收”现象极为普遍，生产生活条件极为有限。无样本农户参与产业化组织，7个样本农户参加扶贫互助资金组织，参与率为11.48%，户均投入互助资金1639元，户均从产业中获益不足200元，无龙头企业带动收益。由此可以反映，贫困农户农业生产资源极为有限，且生产组织化程度很低，现有的产业扶贫带动收入增长不高，贫困农牧民自我扶贫的“造血”功能尚未形成，收入增长的产业发展因素极为薄弱。

（三）农户的贫困认知与意愿

（1）交通和生活质量改善感知程度最高，生产与收入增加感知相对较弱

在贫困农户对地区改善最多的认知方面，对交通更完善选择频次最多，为56次，选择率为91.80%；其次为生活质量提升选择频次，为46次，选择率为75.41%，当然生活质量提升感知一定程度上也主要是由于交通条件的改善，

这与现实中地方政府投资交通倾向性是一致的。相比之下，农田水利设施改善、儿童教育改善、生存环境改善、收入增加等感知度不高，主要是涉及生产条件、学前教育和客观的自然环境，这些都是当前制约贫困地区发展脱贫的瓶颈因素（表 7.10）。

表 7.10　贫困农户对地区改善最多认知的累计选择频次

认为地区改善最多的地方（多选）	累计频次 / 次	概率 /%
收入增加	13	21.31
交通更完善	56	91.80
生活质量提升	46	75.41
农田水利设施改善	6	9.84
儿童教育改善	14	22.95
生存环境改善	6	9.84
其他	0	0.00

（2）农户对扶贫政策认可度较高，但扶贫主体多元化和内生性认可度不高

样本农户认为当前政府对农村扶贫非常重视的有 8 户，认为重视的有 44 户，两项认知占比为 85.25%；在对扶贫政策总体效果满意度评价上，6.56% 的农户认为非常满意，75.41% 的农户认为满意，13.11% 的农户认为一般，1.64% 的农户认为不满意，1.64% 的农户认为很不满意，总体上满意的农户比例为 81.97%; 在扶贫政策给当地农村困难群体带来的帮助程度总体认知方面，3.28% 的农户认为非常大，70.49% 的农户认为大，18.03% 的农户认为一般，6.56% 的农户认为一般，1.64% 的农户则回答不清楚，总体上帮助较大的农户比例为 73.77%。贫困农户对扶贫政策的效果感知度之所以没有达到很高的比例，主要是由于一些扶贫项目和扶贫政策主要是面上扶持政策，偏向于一些公共领域，具体针对农户改善的不够多，因此农户感知度不够，所以现今提出的精准扶贫、扶贫到户等扶贫政策更加接近农户，直接针对农户贫困现实，势必将大幅提升农户对扶贫政策感知程度。80.33% 的农户认为自己从现行的扶贫政策得到了实惠；32.79% 的农户对当地农民脱贫致富充满信心，65.57% 的农户较有信心，仅 1.64% 的农户没有信心；对当地扶贫主要部门的认知上，政府的选择率为 100%，工商联的选择率为 0，慈善组织的选择率为 11.48%，企业的选择率为 4.92%，个人的选择率为 3.28%，认为是其他部门的选择率为 1.64%。由此可以看出，在扶贫主体的感知上较为单一，扶贫主体多元化体系尚未形成，或多元化体系尚未深入农户层面。在项目技能培训上，13.11% 的农户接受过农业生产技能培训，9.84% 的农户接受过劳动力转移技能培训，1.64% 的农户接受过远程教育，75.41% 的农户认为完全没有接受过技能培训。技能培训是贫困农户实现脱贫致富的内生动力，然而从调查结果来看，内生性的扶贫政策并未得到贫困农户的认可，或者说贫困农户技能培训参与度还较低。

（3）扶贫对象精准性存在一定偏差，因病致贫是贫困农户最主要担忧

在扶贫对象的精准性上，13.11% 的农户认为当前扶贫项目漏掉一些贫困家庭或者错置给非贫困家庭，主要原因政府为完成下达指标而硬性安排、非贫困家庭通过各种非正当关系获得、贫困家庭根本不知道有扶贫项目等。尽管比例不高，但是由此可以反映扶贫对象精准性上存在一定的偏差，在贫困对象识别上存在下指标现象，在贫困项目宣传上存在不足。对自身家庭脱贫途径认知上，发展当地经济的选择率最高，为 65.57%，这说明农户对脱贫方式的内生性和脱贫的关键本质已基本认知清楚，这与前面分析的农户对政府扶贫政策内生性认知程度不高是相呼应的。外出打工的选择率居于其次，为 31.15%；地区城镇化的选择率为 6.56%，政府救济的选择率为 13.11%，其他途径的选择率为 3.28%。在贫困农户当前最担心的事项选择中，担心家里人生病的选择率最高，高达 93.44%，说明因病致贫仍旧是当前农户发展的最大制约。担心孩子的教育费用太高选择率为 55.74%，担心收入没保障的选择率为 67.21%，说明贫困农户低收入和因学致贫是当前农户发展的主要制约因素。担心孩子不孝顺选择率仅为 1.64%，担心生产出来的东西卖不出去的选择率为 14.75%，担心买到假冒伪劣的种子化肥的选择率为 3.28%，担心治安状况不好的选择率为 1.64%，担心社会风气变坏的选择率为 1.64%，说明市场和社会环境目前不是贫困农户发展的制约因素。

（四）农户的政策参与和评价

（1）特殊扶贫政策参与度不高

在调查中，共涉及政府灾害救助、大病救助、危房改造等三类特殊政策，总体来看，三项特殊政策参与度均不高，总体参与度为 34.97%。其中，政府灾害救助、政府大病救助、危房改造等参与度分别为 40.98%、29.51%、

34.43%。三项政策参与度均不到 50%。由此说明，政策覆盖程度不高或政策在实际操作中农户参与度不高。

（2）扶贫政策满意度总体不高且存在一定差异

从具体八项政策满意度评价结果来看，总体满意度不高且政策之间满意度存在差异。在具体分析中，将“很满意”和“满意”评价进行合并分析，总体为“满意”评价。八项政策及其满意度率排序依次为“义务教育减免学杂费”（68.85%）>“新型农村合作医疗”（65.57%）>“灾害救助”（62.30%）>“新型农村养老保险”（60.66%）>“危房改造”（59.02%）>“农村最低生活保障”（57.38%）>“大病救助”（50.82%）>“产业扶贫到户”（42.62%），“义务教育减免学杂费”政策满意率相比最高，满意率为 68.85%；“产业扶贫到户”政策满意率最低，满意率为 42.62%。

四、甘孜州特殊贫困的主要成因

（一）自然环境恶劣，生产生活条件极差

自然灾害频繁是甘孜藏区最显著的、极难改变的贫困特征，而自然资源与环境恶劣又直接决定了生产生活条件状况。甘孜州平均海拔高，年平均气温低，属于典型的高寒民族地区，全州 1/3 的地区缺乏生存条件，广大农牧民至今仍过着“靠天吃饭、靠天养畜”的原始农耕游牧生活；较差的自然条件决定了自然灾害的频发，甘孜州全州居住在生存条件十分恶劣、生存环境十分脆弱地区的农牧民人口高达 20 万人，居住在山体滑坡、泥石流、地震等严重自然灾害频发区的农牧民达 15 万人，农牧民生产生活面临较为恶劣的自然资源与环境条件，因灾返贫现象普遍，而与自然环境交织产生的贫困极具特殊性，扶贫难度极大。

（二）地理区位劣势明显，基础设施相当薄弱

甘孜州地处高寒山区，区域性贫困状况与基础设施的普遍薄弱密切相关。境内 18 个县的县府驻地与省会成都的平均距离为 733 千米，北部地区的石渠、南部地区的得荣两县县府驻地距成都分别为 1061 千米和 1016 千米，边远的环境条件，使甘孜州难以承受到中心城市经济快速发展的辐射，非农产业的发展

极为滞缓，公路交通的严重滞后直接制约着甘孜州经济的发展。同时道路、交通、电力、通信等基础设施普遍薄弱，配套能力低下，导致甘孜州市场化成本的增加，严重制约甘孜州特色产业的壮大和发展。此外，由于甘孜州特殊地理条件的限制，决定了扶贫工程建设成本的增加呈刚性趋势，有的生产建筑资料的价格高出东部地区 3 倍以上。同时由于扶贫项目几乎在边远乡村，在此基础上还要产生二次甚至三次转运费用，地理区位决定了基础设施建设难度和成本增加，也进而导致贫困的发生。

（三）返贫现象较为严重，贫困恶性循环难以打破

甘孜州包虫病、大骨节病等地方病发生面广，流行病乡覆盖率达 60% 以上、村覆盖率达 80% 以上，受危害人口约占全州总人口的 78.8%，加之卫生医疗机构和医生少、医疗条件差，医疗资源绝大多数集中在州、县医院，乡镇医院条件差，导致农牧民群众看病难问题突出，因病反贫现象严重；同时因自然灾害发生频繁，传统农牧业生产抵御自然灾害能力低下，加之受传统养殖观念影响，重数量，轻效益，直接造成因灾即返贫，而农牧民依靠自身能力难以走出因病致贫、因灾返贫的恶性循环。

（四）农业产业化程度低，贫困农户增收困难

由于受地理、自然、区位、资源等因素影响，传统落后农牧业的耕作方式在甘孜州占主导地位，农牧业产业结构调整难，产品结构较为单一，农牧业市场化还处于起步阶段，科技含量低，产业龙头企业的引进和辐射带动作用不明显，致使农牧业产品质量不高，短时期内难以形成产品优势和经济优势，农牧民缺乏稳定的收入来源和致富产业，增收脱贫十分困难。

（五）宗教文化影响力大，生产发展受一定影响

甘孜州地处高寒藏区，宗教文化浓厚，降低了牲畜出栏率和商品率。例如，德格县马尼村和来格村入户调查情况分析，牧业收入为 1317.07 元、398.69 元，分别占两村农牧民人均纯收入的 15.7% 和 7.7%。农牧民养牛基本为自食，有的甚至完全把牲畜当“宠物”养老至死或放生，商品化率普遍在 10% 以下。

（六）贫困工作存在不足，缺乏特殊精准扶贫政策

尽管甘孜州按照精准扶贫工作机制的要求，实现“户有卡、村有册、乡有簿、县有档、省州有（信息）平台”的精准识别机制，但是在实际调查中发现，贫困指标分解摊牌的现象普遍，即贫困指标由上至下分解，自上而下摊牌，尽管有一定精准工作机制考量，但是在具体落实中，往往会出现摊牌而导致“富人戴帽、穷人落榜”的现象。此外，精准扶贫中对于识别贫困户采取的是只出不进的单向动态不科学的方法，导致大量的返贫人口得不到有效扶持。在具体扶贫政策上，很多还采取一刀切的方式，具体针对高寒藏区的特殊政策还不多，尤其是特设的政策和高标准政策不足。比如，危房改造补助标准，高寒藏区建造标准远高于内地，因此普适政策应提高标准。此外，特殊贫困缺乏特殊政策，比如在河流治理上，高寒藏区流域由于平时面积标准达不到国家标准难以得到国家项目支持，但是在雨季流域面积大幅增加，难以得到有效治理和利用。因此，需要在类似的项目中需结合实际，给予特殊的针对性标准，采取特殊的支持政策。

五、加快甘孜州脱贫的对策建议

（一）加大中央财政投入范围和标准，进一步强化基础设施建设

建议中央和四川省进一步加大对藏区发展投入，扩大贫困村范围和加大藏区项目投入。力争在国家政策中将具有整村贫困特点行政村全部纳入贫困村扶贫范畴，进一步提高新村建设国家补助标准。资金投入重点用于路、水、电、桥等基础设施建设工程，强化藏区新居公共服务和基础设施配套建设，着力改善农牧民生存环境和生产生活条件，为贫困群众实现脱贫增收创造条件。

（二）加强特色产业发展，提升贫困群体的内生发展动力

建议针对藏区具体实际，制定针对藏区专项产业发展扶持优惠政策，特别是藏区旅游业与扶贫工程相结合方面政策，加大对藏区产业结构调整投入，安排各类专家进行不定期指导。采取“企业＋基地＋农户”、“公司＋基地＋农户”或“专业合作组织＋市场＋农户”等模式，使农牧业发展向广度和深度进军，

不断开拓农牧业增效增收的空间。加大旅游扶贫资金的投入，改善藏区高原文化生态旅游景区建设，利用丰富的旅游资源，挖掘旅游业文化，形成具有特色的旅游文化，为甘孜藏区反贫困和农牧民增收提供保障。

（三）加大剩余劳动力培训转移力度，稳步推进社会扶贫工程

劳务创收是实现贫困群众增收脱贫最有效的途径，建议在进一步加大政策扶持和环境优化力度的基础上，营造良好的农村劳务经济发展环境，有规模地组织农牧区剩余劳动力开展以实用技能培训为主，以转移就业培训为辅的劳务培训，政府应采取有效措施有计划、有组织地向发达地区中心城市输出劳务人口，实现劳务收入增收脱贫。加快藏区大扶贫的格局形成，建议要进一步统筹和引导各级定点帮扶部门，充分发挥行业部门的特点和优势，引进有实力、有爱心的龙头企业加大对甘孜州贫困村的帮扶力度，实现“造血”式、开发式的帮扶。

（四）强化金融体系创新，加大金融扶贫力度

创新金融产品，优化金融服务，聚合政府的行政资源、金融的资金资源和服务技术优势，消除基础设施条件落后的农村金融服务空白，着力打造“普惠金融”体系，使农牧民真正拥有享受基础金融服务的平等机会。加强金融体系创新，积极发展小额贷款公司、农村资金互助社、村镇银行等微型金融机构，并鼓励传统正规金融机构向贫困人群提供贷款、储蓄、保险、转账服务等微型金融服务，丰富金融扶贫手段。应抓住扶贫开发深入推进，经济加快发展的难得契机，深入挖掘由此产生大量有效金融需求，借助扶贫载体优化自身发展基础，吸引更多资金服务区域发展。此外，鉴于藏区地理位置、自然条件、经济社会发展阶段和金融发展状况类似，建议参照西藏模式，对四川、青海、云南和甘肃等省藏区等实施特殊优惠货币政策，优先解决体制落后带来的市场失灵难题。

（五）健全农村社会保障机制，降低因灾、因病返贫现象发生

因病因灾返贫的情况在甘孜州较为突出，也是贫困的主要根源，要使农牧

民脱贫致富，除要增加农牧民收入外，同时必须解决农牧民的后顾之忧。建立和完善农村社会保障制度：一是建立农业保险机制，不断探索建立农业风险保障机制，减少因自然灾害造成的严重农牧业经济损失；二是继续落实完善农村合作医疗保险机制，不断完善农村医疗保险制度，解决农村因病致贫问题；三是建立完善农村人口最低生活保障制度，要切实保障农村困难家庭的基本生活，对农村中的弱势群体给予经济上、物质上、政策上的援助。

（六）加强教育事业发展，提升教育扶贫政策效果

坚持扶贫先扶智的理念，大力培养贫困地区教育、科技、卫生等方面的人才，强化贫困地区加快发展的人才支撑。加大对农村贫困家庭子女教育扶贫力度，扩大对农村贫困大学生的助学规模，扎实推进免费职业教育，减少贫困代际传递。此外，通过教育可以矫正广大农牧民心中一些不正确的生产发展和生活习俗及理念，有效抵御不良宗教思想对于农牧民生产生活的影响，助推甘孜州和谐社会建立和同步小康的步伐。

（七）完善扶贫工作机制，加强特殊扶贫政策力度

坚持实事求是，分级审核，分级负责，动态管理，科学合理的原则，对建卡贫困人口、脱贫人口和因病因灾等因素返贫人口进行及时统计、审核、认定，为扶贫政策和扶贫项目的实施提供准确依据。对精准扶贫人口，应实行能进能出的双向动态管理机制。此外，针对甘孜州实际，一方面提高普适性扶贫政策的扶持标准；另一方面出台一些特殊的扶贫政策，以解决甘孜州特殊的贫困状况。

主要参考文献

阿马蒂亚・森 . 2004. 贫困与饥荒 . 北京：商务印书馆 .

陈达云 . 2006. 中国少数民族地区的经济发展：实证分析与对策研究 . 北京：民族出版社 .

戴平生 .2011. 我国少数民族教育收益率的估算——兼论少数民族教育政策 . 中国经济问题，(1):91-97.

丁宏 .2011. 社会转型期加快发展少数民族区域经济的策略 . 长沙大学学报，25 (1):30-31.

董强，盖守丽 .2016. 新常态下民族工作的制度保障 : 坚持和完善民族区域自治制度——习近平民族工作思想研究系列论文之六 . 黑龙江民族丛刊 , (4):12-20.

段尔煜，刘宝明 . 1994. 中国民族自治地方行政管理学 . 北京：中央民族大学出版社 .

段敏芳 .2006. 因子分析与主成分分析在自治州评价中的运用 . 统计与决策，(17)：84-85.

高培勇 . 2004. 公共经济学 . 北京：中国人民大学出版社 .

古扎拉蒂 . 2002 年 . 计量经济学 (第三版)(上、下册). 林少宫 , 译 . 北京: 中国人民大学出版社 .

郭熙保 . 2000. 经济发展的理论与政策 . 北京：中国社会科学出版社 .

国家民族事务委员会研究室 . 2012. “十一五”时期中国民族自治地方发展评估报告 . 北京：民族出版社 .

韩小兵 , 喜饶尼玛 . 2010. 以人为本理念下的中国少数民族发展权 . 中央民族大学学报 (哲学社会科学版)，(1):5-10.

侯德泉 .2008. 自治・民族自治・民族区域自治——比较视野的概念新解 . 理论与改革，(1):24-26.

侯景新 , 尹卫红 .2004. 区域经济分析方法 . 北京：商务印书馆 .

黄元姗 .2012. 民族区域自治制度的发展与完善——以自治州自治条例为分析对象 . 武汉：华中师范大学博士学位论文 .

计莹 . 2010. 民族区域自治地方政府规章自治性研究 . 上海：华东师范大学硕士学位论文 .

金芳. 2008. 西部地区的生态文明发展模式与策略研究. 中国农村观察，(2):52-58.

雷振扬 , 成艾华 .2010. 民族地区财政转移支付的绩效评价与制度创新 . 北京：人民出版社 .

雷振扬 , 朴永日 , 李俊杰 , 等 . 2006. 中国民族自治地方发展评估报告 . 北京：民族出版社 .

雷振扬 , 等 .2009. 中国特色民族政策的完善与创新研究 . 北京：民族出版社 .

李俊杰 .2006. 全面建设小康社会与民族地区经济发展战略：以武陵山区少数民族州县为例 . 北京：民族出版社 .

李俊杰 .2011. 腹地与软肋 : 土家苗瑶走廊经济协同发展研究 . 北京：中国社会科学出版社 .

李俊杰 .2013. 民族经济政策与民族地区发展 . 北京：民族出版社 .

李俊杰 .2018. 十二五期间我国民族自治州发展评估与同步小康研究 . 北京：民族出版社 .

李俊杰，朴永日 .2013. 民族自治州发展水平评估及比较研究 . 西南民族大学学报 (人文社会科学版)，34 (4):118-122.

李俊杰 , 等 .2014. 集中连片特困地区反贫困研究：以乌蒙山区为例 . 北京：中国社会科学出版社 .

李茜 . 2007. 区域土地生态环境安全评价及生态重建研究——以宁夏回族自治区为例 . 西安：陕西师范大学硕士学位论文 .
李若青 .2008. 人口较少民族发展政策及其经济因素 . 经济问题探索，(11):179-183.
李寅 . 2010-8-31. 民族自治地方贫困人口占全国比重逐年增加 . 中国民族报， 001.
李忠斌，饶胤 .2011. 民族地区农村土地流转现状及对策——以贵州省黔南布依族苗族自治州为例 . 民族研究，(2):21-31.
李子奈，叶阿忠 .2000. 高等计量经济学 . 北京：清华大学出版社 .
联合国环境规划署 . 1994.21 世纪议程． 国家环境保护局 , 译 . 北京：中国环境科学出版社 .
梁文森 . 2009. 生态文明指标体系问题． 经济学家，(3):102-104.
刘畅 . 2010. 我国社会保障应加大财政“砝码”. 中国社会保障 , (3):34-36.
刘大志 , 马林 .2014. 中国少数民族自治州经济社会发展蓝皮书 (2006-2010). 北京: 民族出版社 .
刘宁 . 2009. 公共财政视角下的中国地方财政支出结构及其优化研究 . 沈阳：辽宁大学博士学位论文 .
卢贵子 . 2004. 论少数民族和民族地区的人才发展战略 . 北京：中央民族大学硕士学位论文 .
鲁建彪 . 2006. 西部民族地区人才流失原因及其对策分析 . 云南行政学院学报，8 (3):108-112.
罗惠翾 . 2009. 改革开放以来民族发展问题研究述评 . 西北民族研究，(1):82-90.
宋才发 , 等 . 2009. 中国民族自治地方经济社会发展自主权研究 . 北京：人民出版社 .
陶晓辉 . 2005. 以科学发展观作指导加强我国少数民族和民族地区的人力资源开发 . 中央社会主义学院学报，(4)：75-77.
王璐 . 2004. 论民族区域自治制度的完善 . 乌鲁木齐：新疆大学硕士学位论文 .
王维国 . 1995. 论国民经济协调系数体系的建立 . 统计研究，(4):66-68.
谢冰等 . 2010. 多视角下的民族区域自治地方政府绩效评价研究 . 北京：科学出版社 .
徐珩 . 2007. 以新制度经济学理论浅析民族区域自治制度 . 现代商业，(26):169-170.
杨胜平 . 2016. 少数民族地区协同治理的价值、困境与超越 . 天津：天津工业大学硕士学位论文 .
曾宪义 . 2007. 论民族区域自治法与民族发展权保障 . 内蒙古大学学报 (人文社会科学版)，39 (6):29-35.
张殿军 . 2013. 自治州及其辖区行政体制改革的困境与创新 . 民族研究，(3):28-38.

附　录

附表 1　支持民族自治州发展国家层面政策一览表

政策出台时间	政策文件名称	政策内容
1973.12.2	《关于加强少数民族特需用品生产和供应工作的报告的通知》	进一步加强少数民族特需用品的生产和供应。
1981.7.14	《国务院批转全国民族贸易和民族用品生产工作会议纪要的通知》	发展民族贸易和民族用品生产，发展少数民族地区经济，改善少数民族人民的生活。
1983.1.11	《国务院批转关于经济发达省、市同少数民族地区对口支援和经济技术协作工作座谈会纪要的通知》	加强经济发达省、市同少数民族地区的对口支援和经济技术协作工作。
1989.8.28	《国务院批转国家民委、国务院贫困地区经济开发领导小组关于少数民族地区扶贫工作有关政策问题请示的通知》	搞好少数民族地区扶贫工作，贯彻落实适应民族地区实际的特殊政策措施，解决少数民族地区群众的温饱问题，促进地区的群众尽快脱贫致富。
1990.2.23	《国务院批转国务院贫困地区经济开发领导小组关于九十年代进一步加强扶贫开发工作请示的通知》	进一步加强扶贫开发工作，解决我国贫困地区的问题，支援“老、少、边、穷”地区的经济发展，继续贯彻执行扶植政策，逐步改变落后面貌。
1991.1.12	《国家民委、商业部关于确定全国十六个边销茶生产加工企业为民族用品生产企业的通知》	确定十六个边销茶生产加工企业为民族用品定点生产企业。
1991.10.18	《国家税务局关于民族用品定点生产企业减免税的通知》	落实“八五”期间定点企业的有关减免税政策。
1991.12.8	《国务院关于进一步贯彻实施中华人民共和国民族区域自治法若干问题的通知》	进一步完善民族区域自治制度。
1991.3.25	《关于加强民族贸易和民族用品生产供应工作意见的通知》	扶持和发展民族贸易和民族用品生产，促进民族地区社会经济发展。
1991.7.15	《关于民族教育补助专款使用管理等有关问题的通知》	支持少数民族地区普及义务教育，安排一定数额的民族教育补助专款。

续表

政策出台时间	政策文件名称	政策内容
1993.12.30	《中组部、统战部、国家民族事务委员会关于进一步做好培养选拔少数民族干部工作的意见》	进一步做好培养选拔少数民族干部工作。
1993.2.1	《国务院关于加快发展中西部地区乡镇企业的决定》	加快发展中西部地区乡镇企业，振兴少数民族地区经济。
1994.4.15	《国务院关于印发国家八七扶贫攻坚计划的通知》	全国农村扶贫开发工作进入了攻坚阶段，在21世纪末的7年时间里，争取基本解决8000万人的温饱问题。
1996.1.3	《国务院关于边境贸易有关问题的通知》	调整、规范和完善我国边境地区积极发展与我国毗邻国家间的边境贸易与经济合作。
1996.10.23	《国家民委直属民族院校高等教育事业“九五”计划和2010年发展规划纲要》	促进国家民委直属民族院校高等教育事业“九五”时期进一步发展。
1997.10.24	《关于民族贸易和民族用品生产贷款继续实行优惠利率的通知》	对民族贸易和民族用品生产贷款继续实行优惠利率。
1997.11.13	中国人民银行《关于民族贸易和民族用品生产贷款继续实行优惠利率的通知》	对民族贸易和民族用品生产流动资金贷款实行优惠利率。
1997.6.10	《国务院关于“九五”期间民族贸易和民族用品生产有关问题给国家民委的批复》	关于“九五”期间民族贸易和民族用品生产有关问题。
1997.9.1	《国家民委、国家经贸委、国家体改委、财政部、中国人民银行关于加强民族贸易和民族用品生产工作的通知》	加强民族贸易和民族用品生产工作。
1998.1.7	《财政部关于民贸企业有关税收问题的通知》	扶持和发展民族贸易，促进民族地区经济发展，降低对民族贸易企业增值税、所得税。
1998.7.23	《国家民委、国家经贸委、财政部、国家税务总局、中国人民银行关于确定“九五”期间全国民族用品定点生产企业的通知》	公布国务院批准的“九五”期间全国民族用品定点生产企业名单。
2001.9.29	《国务院西部开发办关于西部大开发若干政策措施实施意见的通知》	实施西部大开发战略，加快中西部地区发展。
2002.6.18	《全国民委“十五”期间经济工作规划》	全面推进“兴边富民行动”，抓好扶持人口较少民族发展工作，落实好民族贸易和民族特需用品生产优惠政策，抓好抓实扶贫开发工作，积极促进建立和完善规范的财政转移支付制度。

续表

政策出台时间	政策文件名称	政策内容
2005.5.31	《中共中央国务院关于进一步加强民族工作加快少数民族和民族地区经济社会发展的决定》	把加快少数民族和民族地区经济社会发展，促进各民族共同繁荣发展作为新世纪新阶段民族工作的主要任务，把扶持民族地区发展教育事业、加强民族地区人才资源开发作为促进民族地区经济社会发展的重要手段和途径之一。
2006.10.13	《民族贸易企业网点改造和民族特需商品定点生产企业技术改造贷款财政贴息资金管理暂行办法》	对部分民族贸易企业网点改造和民族特需商品定点生产企业技术改造贷款实行财政全额贴息，中央财政和地方财政各负担一半。为管好用好民族贸易企业网点改造和民族特需商品定点生产企业技术改造贷款中央财政贴息资金，特制定本办法。
2006.10.30	《民族贸易企业网点改造和民族特需商品定点生产企业技术改造贷款财政贴息资金管理暂行办法》	加强民族贸易企业网点改造和民族特需商品定点生产企业技术改造贷款财政贴息资金管理。
2006.8.28	《关于继续执行民族贸易和民族特需商品生产优惠政策的通知》	"十一五"期间对民贸网点和民族特需商品定点生产企业继续实行流动资金贷款优惠利率、技改贷款贴息和税收优惠等政策。
2006.8.7	《财政部 国家税务总局关于继续对民族贸易企业销售的货物及国家定点企业生产和经销单位经销的边销茶实行增值税优惠政策的通知》	自 2006 年 1 月 1 日起至 2008 年 12 月 31 日止，对民族贸易县内县级和县以下的民族贸易企业和供销社企业销售货物（除石油、烟草外）免征增值税；自 2006 年 1 月 1 日起至 2008 年 12 月 31 日止，对国家定点企业生产的边销茶及经销单位销售的边销茶免征增值税。
2006.9.6	《中国人民银行关于"十一五"期间民族贸易和民族用品生产贷款利率有关事宜的通知》	各国有商业银行继续对民族贸易和民族特需商品定点生产企业的正常流动资金贷款利率实行比正常的一年期流动资金贷款基准利率低 2．88 个百分点的优惠利率政策，优惠贷款利率不得上浮。
2007.6.9	《国务院办公厅关于印发兴边富民行动"十一五"规划的通知》	加大对边境地区的资金投入，实行特殊的贫困边民扶持政策，支持边境贸易发展和区域经济合作，动员社会力量支持边境地区开发建设，实施一批兴边富民重点工程。
2008.9.7	《国务院关于进一步促进宁夏经济社会发展的若干意见》	中央财政转移支付和中央预算内投资，都要加大对宁夏的支持力度。中央国家机关、企事业单位和沿海经济发达地区，要加大对宁夏的对口帮扶力度。
2009.7.5	《国务院关于进一步繁荣发展少数民族文化事业的若干意见》	进一步繁荣发展少数民族文化事业，推动社会主义文化大发展大繁荣，促进各民族共同团结奋斗、共同繁荣发展。
2009.12.7	《国务院关于进一步促进广西经济社会发展的若干意见》	国务院有关部门提出本部门支持广西经济社会发展的具体政策措施，完善相关规划。要加大中央财政转移支付资金、中央预算内投资对广西的投入力度，落实和完善相关税收政策。
2009.12.31	《国务院关于推进海南国际旅游岛建设发展的若干意见》	推进海南国际旅游岛建设发展，全面提升旅游业管理服务水平，促进服务业转型升级，加强基础设施建设，增强服务保障能力。

续表

政策出台时间	政策文件名称	政策内容
2010.5.6	《国务院办公厅关于进一步支持甘肃经济社会发展的若干意见》	国务院各有关部门要按照职能分工，明确目标任务，研究支持甘肃经济社会发展的具体措施。中央财政要加大对甘肃的均衡性转移支付和民族地区转移支付力度。有关部门要把实施相关政策措施列入重要议事日程，抓紧制订细化工作方案，指导甘肃编制相关重要规划，深化重大项目的前期工作。
2011.6.5	《兴边富民行动规划（2011—2015年）》	深入实施兴边富民行动的战略部署，加强基础设施建设，着力改善和保障民生，促进民族团结和边防稳固，提升沿边开发开放水平，促进特色优势产业发展。
2011.11.15	《武陵山片区区域发展与扶贫攻坚规划（2011—2020年）》	促进武陵山片区经济社会又好又快发展，率先实现连片特困地区区域发展与扶贫攻坚目标。
2012.1.12	《国务院关于进一步促进贵州经济社会又好又快发展的若干意见》	抓住深入实施西部大开发战略的历史机遇，全面提升又好又快发展的基础条件；构建具有区域特色和比较优势的产业体系；彻底改变集中连片特殊困难地区城乡面貌；大幅提高各族群众生活水平；不断增强发展的动力和活力，确保与全国同步实现全面建设小康社会的宏伟目标。
2012.2.13	《国务院关于西部大开发"十二五"规划的批复》	深入实施西部大开发战略，是党中央、国务院作出的重大决策，各有关方面要统一思想、坚定信心、开拓创新、扎实工作，努力建设经济繁荣、社会进步、生活安定、民族团结、山川秀美的西部地区，不断开创西部大开发新局面。
2012.2.23	《乌蒙山片区区域发展与扶贫攻坚规划（2011—2020年）》	建立乌蒙山片区跨省协调机制，把片区扶贫攻坚和跨省协同发展有机结合起来，打破行政分割，发挥比较优势，促进区域一体化协调发展
2012.3.15	《国务院关于同意将新疆维吾尔自治区库车县列为国家历史文化名城的批复》	同意将新疆维吾尔自治区库车县列为国家历史文化名城。库车县历史悠久，文化底蕴丰厚，历史遗存丰富，城市传统格局保存完整，民族文化特色突出。
2013.2.4	《国务院办公厅关于开展对口帮扶贵州工作的指导意见》	贵州是我国西部多民族聚居的省份，也是贫困问题最突出的欠发达省份。贫困和落后是贵州的主要矛盾，加快发展是贵州的主要任务。贵州尽快实现富裕，是西部和欠发达地区与全国缩小差距的一个重要象征，是国家兴旺发达的一个重要标志。开展对口帮扶贵州工作，促进贵州经济持续健康发展，是先富帮后富、逐步实现共同富裕的重要举措。
2014.8.11	《国务院办公厅关于印发发达省（市）对口支援四川云南甘肃省藏区经济社会发展工作方案的通知》	抓紧组织开展发达省（市）对口支援三省藏区工作，并与东西扶贫协作、省内对口帮扶结合起来协同推进，有利于推动三省藏区科学发展、加快改变落后面貌、提高公共服务能力、持续改善民生，是加强民族间地区间交往交流交融、增强"四个认同"的有效途径，对于促进三省藏区跨越式发展、维护社会稳定和长治久安，具有重要和深远的意义。
2014.9.23	《国务院关于表彰全国民族团结进步模范集体和模范个人的决定》	为巩固和发展平等团结互助和谐的社会主义民族关系，促进少数民族和民族地区经济社会发展作出重要贡献的模范集体和模范个人，他们是推进我国民族团结进步事业的优秀代表。

续表

政策出台时间	政策文件名称	政策内容
2015.1.8	《国务院办公厅关于支持新疆纺织服装产业发展促进就业的指导意见》	大力发展纺织服装产业，是建设新疆丝绸之路经济带核心区的重要内容，对于优化新疆经济结构、增加就业岗位、扩大就业规模、推动新疆特别是南疆各族群众稳定就业、加快推进新型城镇化进程，促进新疆社会稳定和长治久安具有重要意义。
2015.2.9	《国务院关于左右江革命老区振兴规划的批复》	努力探索革命老区跨越发展、持续发展的新路子，加快老区开发建设步伐，增强老区自我发展能力，使老区人民共享改革发展成果，过上更加幸福美好的生活，与全国同步实现全面建成小康社会奋斗目标。
2015.7.16	《国务院关于同意设立云南勐腊(磨憨)重点开发开放试验区的批复》	试验区位于云南省西双版纳傣族自治州最南端，是我国对中南半岛合作的重要前沿，战略地位十分重要。建设试验区是加快沿边地区开发开放步伐、完善我国全方位对外开放格局的重要举措，有利于加快构建"一带一路"面向西南开放的桥头堡，推动中老全面战略合作伙伴关系发展，深化澜沧江—湄公河次区域合作，维护边境地区民族团结和社会稳定，实现西南边疆地区和民族地区与全国同步建成小康社会。
2015.8.11	《国务院关于加快发展民族教育的决定》	经过各地和有关部门的共同努力，民族教育事业快速发展，取得了显著成绩，教育规模不断扩大，办学条件明显改善，教师队伍素质稳步提升，学校民族团结教育广泛开展，双语教育积极稳步推进，教育教学质量不断提高，培养了一大批少数民族人才，为加快民族地区经济社会发展、维护祖国统一、促进民族团结作出了重要贡献。
2016.5.11	《国务院办公厅关于加快中西部教育发展的指导意见》	根据国家"十三五"规划纲要，为更好地统筹现有政策、措施和项目，深入实施西部大开发、中部崛起战略，积极服务"一带一路"建设，全面提升中西部教育发展水平。
2016.12.24	《国务院关于印发"十三五"促进民族地区和人口较少民族发展规划的通知》	"十三五"时期，把加快少数民族和民族地区发展摆到更加突出的战略位置，对于补齐少数民族和民族地区发展短板，保障少数民族合法权益，提升各族人民福祉，增进民族团结进步，促进各民族交流交往交融，维护社会和谐稳定，确保国家长治久安，实现全面建成小康社会和中华民族伟大复兴中国梦，具有重要意义。
2017.1.5	《国务院关于西部大开发"十三五"规划的批复》	西部地区各省、自治区、直辖市人民政府和新疆生产建设兵团要增强紧迫感，自我加压，奋发有为，依靠改革开放创新增强内生动力，结合本地实际，将《规划》确定的重大工程、重大项目、重大政策、重要改革任务与本地区经济社会发展"十三五"规划做好衔接，完善推进机制，强化政策保障，分解落实各项工作，确保目标任务如期完成，努力开创西部发展新局面。
2017.9.25	中共中央办公厅、国务院办公厅印发了《关于支持深度贫困地区脱贫攻坚的实施意见》	西藏、四省藏区、南疆四地州和四川凉山州、云南怒江州、甘肃临夏州，以及贫困发生率超过18%的贫困县和贫困发生率超过20%的贫困村，自然条件差、经济基础弱、贫困程度深，是脱贫攻坚中的硬骨头，补齐这些短板是脱贫攻坚决战决胜的关键之策。

续表

政策出台时间	政策文件名称	政策内容
2017.12.15	中国人民银行、银监会、证监会、保监会联合印发《关于金融支持深度贫困地区脱贫攻坚的意见》	深入贯彻落实党的十九大、深度贫困地区脱贫攻坚座谈会精神，集中力量、集中资源，创新金融扶贫体制机制，着力做好深度贫困地区金融服务。其中，对保险业支持深度贫困地区脱贫攻坚提出要求。
2018.6.14	关于印发《“三区三州”等深度贫困地区旅游基础设施改造升级行动计划（2018-2020年）》的通知	为贯彻落实中共中央办公厅、国务院办公厅《关于支持深度贫困地区脱贫攻坚的实施意见》，进一步加强西藏自治区、四省藏区、新疆南疆四地州、四川凉山州、云南怒江州、甘肃临夏州等深度贫困地区的旅游基础设施和公共服务设施建设，推进旅游业发展，促进民族交往交流交融和脱贫致富，我们制定了《“三区三州”等深度贫困地区旅游基础设施改造升级行动计划（2018—2020年）》

附表2　支持民族自治州发展省级层面政策一览表

政策出台时间	政策文件名称	政策内容
2000.12.26	《关于转发自治区民委进一步推进“兴边富民行动”意见的通知》	加快边境民族地区的经济和社会各项事业的建设，这对民族地区经济和社会发展必将产生巨大的推动作用，对维护祖国统一具有重要的现实意义。
2003.7.9	《中共贵州省委关于加大新阶段扶贫开发工作力度的决定》	抢抓西部大开发等历史机遇，坚持以解决贫困人口温饱为中心，以增加贫困人口收入为目的，以提高人口素质为根本，加快脱贫步伐，促进贫困地区经济与人口、资源、环境的可持续发展。
2005.9.13	《中共云南省委、云南省人民政府关于进一步加强民族工作加快少数民族和民族地区经济社会发展的决定》	采取有力措施，进一步做好我省新世纪新阶段的民族工作，推进云南民族团结进步事业全面发展。
2006.8.16	关于贯彻《吉林省清真食品管理条例》的实施意见	加强对清真食品的安全监管、清真食品经营业户的市场准入、清真食品的质量检查、不合格清真食品的退出、经营者自律制度等方面加大管理力度。一是解决食品经营主体资格不规范、不合法的问题。
2008.12.31	《贵州省民委关于实施“民族团结进步示范村”重点项目的意见》	扎实推进少数民族和民族地区经济社会又好又快发展，有效促进民族地区社会主义新农村建设，切实加大弘扬优秀传统民族文化的传承、保护和发展，不断探索新形势下民族地区新农村建设的新路子，省民委决定从今年起，用三年时间，实施“民族团结进步示范村”重点项目。
2009.4.10	《关于民族贸易企业网点改造和民族特需商品定点生产企业技术改造贷款财政贴息资金2009年项目申报指南的通知》	为了规范2009年度民族贸易企业网点改造和民族特需商品定点生产企业技术改造贷款财政贴息资金的申报工作。

续表

政策出台时间	政策文件名称	政策内容
2009.8.26	中共云南省委办公厅印发《关于进一步加强少数民族干部队伍建设的意见》	少数民族干部队伍建设是党的民族工作和干部工作的重要组成部分，是促进云南科学发展、推进民族团结进步、维护边疆稳定的坚强组织保障。
2009.9.8	《中共云南省委 云南省人民政府关于进一步加强民族工作，促进民族团结，快少数民族和民族地区科学发展的决定》	全面推进民族地区社会主义经济建设、政治建设、文化建设、社会建设以及生态文明建设，实现促进科学发展、维护边疆安宁、增进民族团结、构建和谐云南的目标。
2010.4.2	《青海省人民政府关于繁荣发展少数民族文化事业的实施意见》	明确了繁荣发展少数民族文化事业的指导思想和奋斗目标，提出了繁荣发展少数民族文化事业的主要措施。
2010.6.12	甘肃省民委认真贯彻国办《关于进一步支持甘肃经济社会发展的若干意见》精神	围绕推动少数民族和民族地区的跨越式发展，认真梳理，抓紧做好文件所涉及的各种相关问题的学习研究、政策对接和项目争取工作,充分发挥民族工作方面的参谋和助手，推动甘肃民族工作再上一个新的台阶。
2010.9.8	《云南省人民政府贯彻落实国务院关于进一步繁荣发展少数民族文化事业若干意见的实施意见》	少数民族文化是中华文化的重要组成部分，是中华民族的共有宝贵资源和精神财富。云南是我国少数民族种类最多、民族自治地方最多、实行民族区域自治的民族最多、特有民族最多、跨境民族最多的边疆省份，是我国多民族统一国家的缩影。
2011.1.17	湖南省民委关于征求《湖南省散居少数民族工作条例》修订意见的通知	实施对发展少数民族政治、经济、文化，维护民族团结起到了很大的促进作用。
2011.1.18	关于印发《湖南省普通高校招生享受民族优惠政策考生资格审核操作办法》的通知	进一步做好享受民族优惠政策考生资格审核工作，维护少数民族和民族地区考生的合法权益
2011.4.9	《甘肃省人民政府关于临夏回族自治州土地利用总体规划的批复》	在保护和改善生态环境的前提下，积极创造条件，进一步加强土地整理。
2011.4.16	《贵州省人民政府办公厅关于进一步繁荣发展少数民族文化事业的实施意见》	繁荣发展少数民族文化事业，是构建和谐贵州、增强全省各族人民文化认同感、向心力和凝聚力的内在要求，是推动少数民族和民族地区经济社会又好又快、更好更快发展的迫切需要，是全面建设小康社会的强大动力。为进一步推动我省少数民族文化事业繁荣发展，努力开创我省少数民族文化工作新局面。
2011.6.13	《湖北省水利厅关于支持恩施州加快水利发展服务全国先进自治州建设的意见》	加快恩施州水利发展步伐，提高水利支撑保障能力，服务恩施州和湖北武陵山少数民族经济社会发展试验区建设。

续表

政策出台时间	政策文件名称	政策内容
2011.8.18	云南省人民政府关于《进一步加快人口较少民族发展》的决定	各级民族工作部门要加强统筹协调，并做好相关统计监测分析工作。各级财政、审计部门要加强对扶持资金的监管和审计，确保资金使用效益。新闻媒体要深入宣传党和国家扶持人口较少民族发展的方针政策和重大意义，宣传扶持成效和典型经验，营造良好的社会氛围。
2012.9.29	《吉林省政府办公厅关于印发吉林省少数民族事业“十二五”规划的通知》	加快少数民族和民族地区发展是解决民族问题的根本途径，推进少数民族事业发展具有重要的现实意义和深远的历史意义。
2013.3.11	《青海省人民政府办公厅 关于印发青海省少数民族事业“十二五”规划的通知》	全面贯彻执行党和国家的民族政策和民族法律法规，坚持和完善民族区域自治制度，夺取了玉树抗震救灾和恢复重建的重大胜利，民族地区经济发展取得新进展，基础设施明显改善，生态环境得到有效保护，各族群众的生产生活水平稳步提高，社会主义民族关系进一步巩固和发展，推动了富裕文明和谐新青海建设。
2013.7.29	《四川省人民政府办公厅关于贯彻落实少数民族事业“十二五”规划的通知》	着力推动民族地区加快发展，不断改善各族群众生产生活条件。着力发展少数民族文化事业和文化产业，不断满足各族群众精神文化需要。不断巩固发展民族团结进步事业，营造各民族和谐发展的社会环境，推进民族地区经济社会全面发展。
2013.9.29	《青海省人民政府办公厅 关于金融支持民族团结进步先进区 创 建 活 动 的 指 导 意 见》	深入贯彻落实省委十二届四次全体会议精神，通过优化环境、产业先导、惠民利民、应急处置，充分发挥金融支持民族团结进步先进区创建活动的作用，不断提升金融服务的能力和水平，推动我省经济社会持续健康发展。
2015.12.29	贵州省人民政府办公厅关于转发省教育厅省民宗委《贵州省加快发展民族教育实施方案》的通知	到 2020 年，民族地区教育整体发展水平及主要指标接近或达到全国平均水平，民族教育质量全面提升，服务全面建成小康社会能力显著增强。
2016.7.14	《吉林省人民政府关于加快发展民族教育的实施意见》	形成民族教育投入保障机制和教师培养培训长效机制，民族学校办学条件超过区域内同级同类学校水平。教育结构趋于合理，各级各类教育质量显著提高，服务民族地区全面建成小康社会的能力显著增强。
2017.1.25	《贵州省人民政府关于支持黔南自治州加快旅游业发展的意见》	第十二届贵州旅游产业发展大会承办地黔南自治州推进旅游业供给侧结构性改革，做大旅游经济，加快“山地旅游+天文科普”旅游目的地建设。
2017.7.25	《吉林省人民政府办公厅关于印发吉林省少数民族和民族地区发展“十三五”规划的通知》	加快少数民族和民族地区经济社会发展，对于民族地区脱贫攻坚计划的实现，如期实现民族地区同步小康社会目标，加强各民族交往交流交融，巩固和发展平等、团结、互助、和谐的社会主义民族关系，促进各民族共同团结奋斗、共同繁荣发展和维护边境地区稳定和安全具有重要的现实意义和深远的历史意义。

续表

政策出台时间	政策文件名称	政策内容
2017.10.14	《湖北省人民政府办公厅关于印发湖北省少数民族事业发展“十三五”规划的通知》	“十三五”时期，把加快少数民族和民族地区发展摆到更加突出的战略位置，对于补齐少数民族和民族地区发展短板，保障少数民族合法权益，提升各族人民福祉，增进民族团结进步，促进各民族交往交流交融，维护社会和谐稳定，确保全面建成小康社会，具有重要意义。
2017.12.20	《贵州省人民政府关于支持民族自治县和民族乡加快发展若干政策措施的意见》	深入贯彻落实党的十九大精神和习近平总书记“全面实现小康，一个民族都不能少”的重要指示要求，进一步完善支持民族地区加快发展的政策体系，着力解决民族地区发展不平衡不充分的问题，切实增强统筹发展能力，支持民族自治县和民族乡加快发展，助推民族地区决战脱贫攻坚、决胜全面小康。
2018.6.21	省委办公厅、省政府办公厅印发《关于精准施策综合帮扶凉山州全面打赢脱贫攻坚战的意见》	从产业和就业、教育事业发展、医疗卫生事业发展等 12 个方面提出 34 条政策措施，确保到 2020 年凉山州 11 个深度贫困县摘帽、1118 个贫困村退出、49 万贫困人口全部脱贫。

附表 3　支持民族自治州发展自治州层面政策一览表

自治州	政策出台时间	政策文件名称
延边州	2010.7.9	《州人民政府关于贯彻落实省促进中小企业发展若干政策的意见》
	2011.5.16	《州人民政府关于印发延边州新一轮民营经济腾飞计划（2011—2013 年）的通知》
	2011.11.9	《州人民政府关于加强农村环境保护工作的意见》
	2011.11.28	《州人民政府关于印发延边州创业促进就业工作若干政策的通知》
	2012.7.24	《州人民政府关于坚持科学发展安全发展促进安全生产形势持续稳定好转的实施意见》
	2013.9.10	《延边州人民政府关于 2013 年深化经济体制改革的实施意见》
	2016.8.18	《延边州人民政府关于印发延边州加快推进食品产业发展实施意见的通知》
	2016.8.18	《延边州人民政府关于印发延边州加快推进医药产业发展实施意见的通知》
	2017.11.16	《延边州人民政府关于支持民族文化进一步繁荣发展的若干意见》
	2018.8.1	《延边州人民政府关于做好当前和今后一段时期就业创业工作若干政策措施的实施意见》
恩施州	2011.9.21	《州人民政府关于落实恩施州经济和社会发展第十二个五年规划纲要主要目标和任务工作分工的通知》
	2011.11.16	《州人民政府关于印发《恩施州旅游业发展“十二五”规划》的通知》

续表

自治州	政策出台时间	政策文件名称
恩施州	2015.6.25	《州人民政府关于2015年扩大有效投资促进经济稳定增长的实施意见》
	2016.7.21	《恩施州人民政府关于实施质量强州战略的决定》
	2016.9.22	《恩施州人民政府关于发展乡村旅游促进旅游扶贫工作的意见》
	2017.5.25	《恩施州人民政府关于推动工业经济加快发展的实施意见》
	2017.12.9	《恩施州人民政府关于深化标准化工作改革创新的实施意见》
	2018.3.5	《恩施州人民政府办公室关于印发恩施州四大产业集群建设三年行动方案的通知》
	2018.3.20	《中共恩施州委 恩施州人民政府关于推进乡村振兴战略实施的意见》
恩施州	2018.6.8	《恩施州人民政府办公室转发州国税局关于支持地方经济社会发展二十条措施的通知》
	2018.7.6	《恩施州人民政府办公室转发州政管办关于恩施州推行产业项目承诺审批制改革实施意见（试行）的通知》
	2018.7.27	《恩施州人民政府关于全面推进中医药振兴发展的实施意见》
湘西州	2011.5.14	《关于加快湘西自治州少数民族高寒山区脱贫解困工作的实施意见》
	2011.9.6	《关于加快产业园区发展的意见》
	2011.12.12	转发《湘西自治州关于保障市场供应稳定价格总水平分工责任制方案》的通知
	2014.1.7	《湘西自治州人民政府关于优化湘西经济开发区建设环境的通告》
	2014.8.29	《湘西自治州人民政府关于进一步促进民办教育健康发展的通知》
	2015.3.4	《湘西自治州人民政府办公室关于全面深化统计改革的通知》
	2016.3.31	《湘西自治州人民政府关于进一步鼓励外来投资的指导意见》
	2016.6.1	《湘西自治州人民政府关于进一步推进新型城镇化的实施意见》
	2016.7.18	《湘西自治州人民政府关于做好医疗救助帮扶工程的实施意见》
	2017.9.2	《湘西自治州人民政府关于湘西自治州招商引资优惠政策的若干意见》
	2017.10.9	《湘西自治州人民政府 关于加快社会信用体系建设的实施意见》
	2018.6.6	《湘西自治州人民政府办公室关于加快推进全州装配式建筑发展的通知》
	2018.6.21	《湘西自治州人民政府办公室关于加快电子商务发展若干政策措施的通知》
甘孜州	2006.2.13	《甘孜藏族自治州人民政府关于成立甘孜州农村义务教育经费保障机制改革工作领导小组的通知》

续表

自治州	政策出台时间	政策文件名称
甘孜州	2006.3.22	《甘孜藏族自治州人民政府办公室转发州旅游产业发展领导小组 2006 年全州旅游工作要点的通知》
	2010.4.7	甘孜藏族自治州人民政府关于印发《甘孜藏族自治州全面推进依法行政第二个五年规划（2010—2014 年）》的通知
	2012.3.22	《甘孜藏族自治州人民政府关于试行国有资本经营预算的实施意见》
	2013.4.19	《甘孜藏族自治州人民政府关于印发甘孜州有序发展能源业实施方案的通知》
	2013.4.23	《甘孜藏族自治州人民政府关于印发甘孜州加快发展特色文化产业实施方案的通知》
	2014.7.17	《甘孜藏族自治州人民政府关于 2014—2015 年加快发展节能环保产业的实施意见》
	2015.6.30	《甘孜藏族自治州人民政府关于加快建设质量强州的实施意见》
	2015.9.25	《甘孜藏族自治州人民政府关于推进企业通过多层次资本市场直接融资工作的意见》
	2017.5.12	《甘孜藏族自治州人民政府关于进一步做好城乡提升战略风貌改造规划设计工作的通知》
	2017.12.21	《甘孜藏族自治州人民政府关于进一步做好全州就业创业工作的实施意见》
	2018.6.27	《甘孜藏族自治州人民政府关于完善区域发展推进机制的实施意见》
凉山州	2006.11.27	《凉山州人民政府关于调整城市居民最低生活保障标准提高补助水平的通知》
	2010.3.5	《凉山州人民政府办公室关于继续做好村通工程建设的通知》
	2012.7.25	《凉山州人民政府关于加快推进现代农作物种业发展的实施意见》
	2013.9.29	《凉山州人民政府关于 2013 年加快推进新型城镇化的意见》
	2014.6.12	《凉山州人民政府关于大凉山彝区教育振兴行动计划的实施意见》
	2015.8.25	《凉山州人民政府关于加强和改进投资促进工作的意见》
	2016.2.24	《凉山州人民政府关于加快推进特色农业保险的实施意见》
	2016.4.27	《凉山州人民政府关于在公共服务领域推广政府与社会资本合作模式的实施意见》
	2017.9.5	《凉山州人民政府关于印发凉山州降低实体经济企业成本实施方案的通知》
	2018.7.4	《凉山州人民政府办公室关于印发凉山州大气环境质量持续改善规划的通知》

续表

自治州	政策出台时间	政策文件名称
阿坝州	2010.6.11	《阿坝藏族羌族自治州鼓励投资优惠政策若干规定》
	2011.10.25	《阿坝州人民政府关于表彰2011年度民族团结进步模范村（社区）、示范村的决定》
	2012.6.15	《阿坝州人民政府关于扶持农民专业合作社发展的意见》
	2012.8.28	《阿坝州人民政府关于促进全州金融业加快发展的意见》
	2013.5.20	《阿坝州人民政府关于印发水电、矿产、旅游资源管理实施意见的通知》
	2014.6.17	《阿坝州人民政府关于化解产能过剩矛盾促进产业结构调整的实施意见》
	2015.9.8	《阿坝州人民政府关于建立健全区域合作发展利益分享机制的实施意见》
	2016.5.12	《阿坝州人民政府关于印发阿坝州新能源资源开发利用实施细则的通知》
	2016.12.4	《阿坝州人民政府关于财政金融支持新型农业经营主体带动贫困户脱贫致富实施意见 》
	2017.9.5	《阿坝州人民政府关于批转州发展改革委2017年深化经济体制改革重点工作意见的通知 》
	2018.1.10	《阿坝州人民政府关于州属国有企业发展混合所有制经济的意见》
黔东南州	2007.12.11	《黔东南州人民政府关于印发黔东南州高耗能企业整合实施方案的通知》
	2010.8.13	黔东南州人民关于加强高载能源资源深加工企业技改升级工作意见
	2011.4.27	关于印发《黔东南州公安机关保障投资环境服务经济发展三十条措施》的通知
	2013.5.2	关于印发《黔东南州公安机关促进民营经济发展十条措施》的通知
	2014.9.2	《省人民政府关于加快现代服务业发展的意见》
	2015.7.31	省人民政府印发《关于支持健康养生产业发展若干政策措施的意见》、《贵州省健康养生产业发展规划（2015—2020年）》的通知
	2015.9.2	《省人民政府关于大力发展电子商务的实施意见》
	2016.1.19	《关于下达2016年第一批中央财政专项扶贫（发展资金）的通知》
黔南州	2008.9.8	《关于进一步做好下岗失业人员和就业困难对象就业再就业及社会保障工作的意见
	2013.3.22	《黔南州人民政府办公室关于调整部分经济社会发展计划指标的通知》
	2014.9.27	《黔南州人民政府关于加快建筑业发展的实施意见》
	2015.12.18	《黔南州人民政府关于促进电子商务发展的实施意见》
	2016.8.11	《黔南州人民政府关于进一步促进房地产业健康发展的指导意见》

续表

自治州	政策出台时间	政策文件名称
黔南州	2017.2.23	《黔南州人民政府关于黔南州“十三五”民政事业发展规划的批复》
	2018.6.8	《黔南州人民政府关于印发黔南州大力发展农村电子商务促进黔货出山的若干措施的通知》
黔西南州	2006.6.30	《州人民政府关于2011年特色农业产业建设的实施意见》
	2011、10.7	《中共黔西南州委　黔西南州人民政府关于强力推进“十二五”社会主义新农村建设的意见》
	2012.9.5	《州人民政府办公室关于做好全州石漠化区域发展与扶贫攻坚实施规划编制工作的通知》
	2013.5.28	《州人民政府办公室关于印发黔西南州促进20个城市综合体健康发展2013年工作方案的通知》
	2014.6.30	《州人民政府关于加快民办教育发展的实施意见》
	2016.3.31	《黔西南州人民政府关于加快化解房地产库存促进房地产业健康发展的若干意见》
	2016.11.18	《州人民政府关于进一步加快民办教育发展的实施意见》
	2017.12.28	州人民政府办公室关于印发《黔西南州发展农民专业合作社助推脱贫攻坚三年行动方案（2017-2019年）》的通知
	2018.3.6	州人民政府办公室关于印发《黔西南州推进农村一二三产业融合发展工作方案》的通知
西双版纳州	2008.12.11	西双版纳州人民政府办公室《关于印发西双版纳州招商引资考核奖惩办法》等3个制度文件的通知
	2009.8.5	《西双版纳州人民政府关于切实加强矿产资源开发和生态环境保护工作的意见》
	2012.11.30	《西双版纳州人民政府转发省政府关于促进建筑建材房地产业持续健康发展意见文件的通知》
	2014.4.2	《西双版纳州人民政府关于批转下达2014年国民经济和社会发展计划主要指标暨固定资产投资计划的通知》
	2015.7.2	《西双版纳州人民政府关于加快发展农村清洁能源促进生态文明建设的意见》
	2016.9.14	《西双版纳州人民政府关于促进西双版纳双创产业园发展的指导意见》
	2016.10.11	《西双版纳州人民政府关于金融支持实体经济发展的意见》
	2017.3.1	《西双版纳州人民政府关于进一步促进全州经济持续平稳发展25条措施的意见》
	2017.10.10	《西双版纳州人民政府转发省人民政府关于印发云南省进一步推广自由贸易试验区可复制改革试点经验实施方案文件的通知》

续表

自治州	政策出台时间	政策文件名称
西双版纳州	2017.12.31	《西双版纳州人民政府关于印发西双版纳州农业产业扶贫规划（2017—2020年）的通知》
	2018.6.11	《西双版纳州人民政府办公室关于促进建筑业持续健康发展的实施意见》
	2018.7.6	《西双版纳州人民政府关于统筹推进全州城乡建设用地增减挂钩工作的意见》
德宏州	2009.1.19	《德宏州人民政府办公室关于调整充实州经济运行分析领导小组成员的通知》
	2014.11.5	《德宏州人民政府印发关于进一步加强农产品流通体系建设实施意见的通知》
	2015.11.20	《德宏州人民政府关于科技型企业股权激励先行先试工作暂行办法》
	2016.8.30	《德宏州人民政府办公室关于进一步加强全州河道采砂管理工作的通知》
	2016.6.24	《德宏州人才扶贫行动计划》
	2017.8.18	《关于印发德宏州人民政府办公室开展城乡文明共建共享活动实施方案的通知》
怒江州	2008.10.15	《怒江州人民政府关于成立怒江傈僳族自治州生物多样性保护工程规划编制领导小组的通知》
	2010.7.13	《怒江州人民政府关于表彰全州民族团结进步模范集体和模范个人的决定》
	2016.3.7	《怒江州人民政府转发云南省人民政府关于促进电子商务及跨境电子商务发展实施意见的通知》
	2016.7.22	《怒江州人民政府办公室关于充实怒江州特色生态农业产业工作推进组的通知》
	2016.11.7	《怒江州人民政府关于深入推进新型城镇化建设的实施意见》
	2016.12.5	《怒江州人民政府关于促进外贸回稳向好的实施意见》
	2017.1.19	《江州人民政府办公室关于印发怒江州发展众创空间推进大众创新创业实施细则的通知》
	2017.2.14	《怒江州人民政府办公室转发云南省人民政府关于加快推进标准化体系建设的实施意见的通知 》
大理州	2009.12.14	《印发关于改善行政执法促进经济社会和谐健康发展的意见的通知》
	2010.3.30	《关于印发2010年全州重大经济发展项目的通知》
	2012.6.26	《关于加强海西建设项目规划管理的意见》
	2014.2.19	《关于2013年10件惠民利民实事、20个重大建设项目和20项重要工作完成情况的通报》

续表

自治州	政策出台时间	政策文件名称
大理州	2015.11.9	《关于贯彻落实省政府创新重点领域投融资机制鼓励社会投资意见的实施细则》
	2016.3.17	《大理白族自治州人民政府关于加快推进“互联网 +”现代农业发展的意见》
	2017.7.11	《大理白族自治州人民政府关于大力发展普惠金融的实施意见》
迪庆州	2008.3.19	《迪庆州人民政府办公室关于调整充实迪庆州整顿和规范市场经济秩序领导小组的通知》
	2009.8.12	迪庆州人民政府办公室关于印发《迪庆州城乡困难群众临时救助实施办法》的通知
	2011.7.20	《关于推进农业产业化发展扶持农业龙头企业的实施意见》
	2012.4.1	《迪庆州人民政府办公室关于加快推进现代农业种业发展的意见》
	2015.6.15	《迪庆藏族自治州人民政府关于促进全州经济平稳健康发展的实施意见》
	2018.2.27	《迪庆藏族自治州人民政府办公室关于印发迪庆州发展众创空间推进大众创新创业实施方案的通知》
红河州	2011.3.22	《中共红河州委红河州人民政府关于推进农业产业化发展扶持农业龙头企业的实施意见》
	2011.5.4	《红河州人民政府转发云南省人民政府关于大力推进保障性安居工程建设的意见的通知》
	2017.5.24	《红河州人民政府关于印发红河州贯彻落实云南省旅游市场秩序整治措施工作方案的通知》
	2017.12.06	《红河州人民政府办公室关于创新农村基础设施投融资体制机制的实施意见》
	2018.9.03	《红河州财政局关于下达2018年度第四批中央统筹整合涉农资金的通知》
文山州	2008.8.18	《文山州电网规划建设“绿色通道”实施意见》
	2012.2.06	《文山州人民政府关于加大城乡统筹力度促进农业转移人口转变为城镇居民的实施意见》
	2014.12.08	《文山州人民政府关于促进房地产市场持续健康发展的意见（试行）》
	2015.8.07	《文山州人民政府关于印发文山州人民政府深入推进依法行政加快建设法治政府的实施意见的通知》
	2016.7.28	《文山州人民政府关于印发文山州加快信息化和信息产业发展实施意见的通知》
	2017.11.09	《文山州人民政府关于进一步加强财政扶贫资金管理的通知》
	2018.8.22	《文山州人民政府关于加快推进“四好农村路”建设的实施意见》

续表

自治州	政策出台时间	政策文件名称
楚雄州	2010.6.21	《楚雄州人民政府关于进一步加强民族工作 促进民族团结加快少数民族和民族地区科学发展的决定》
	2012.12.07	《楚雄州人民政府办公室关于印发农村义务教育学生营养改善计划试点实施方案的通知》
	2013.9.25	《楚雄州人民政府办公室关于进一步推进投资项目并联审批工作的通知》
	2014.1.16	《楚雄州人民政府办公室转发省人民政府办公厅关于进一步做好农民负担监管工作文件的通知》
	2015.5.18	《楚雄州人民政府关于促进全州经济平稳健康发展的实施意见》
	2016.7.23	《楚雄州人民政府关于实施质量强州战略的意见》
	2017.10.27	《楚雄州人民政府办公室关于印发楚雄州健康扶贫精准实施方案的通知》
	2018.9.03	楚雄州人民政府办公室关于印发《楚雄州 2018 年工业经济发展攻坚工程实施方案》的通知
甘南州	2009.9.18	甘肃省甘南藏族自治州人民政府办公室关于印发《甘南州贯彻落实国务院“十一五”期间对民族贸易与民族用品定点生产企业优惠信贷政策的实施方案》的通知
	2013.10.18	《转发甘肃省人民政府关于加快棚户区改造的实施意见的通知》
	2014.12.03	《甘南藏族自治州人民政府印发甘南州关于加快发展养老服务业的实施意见的通知》
	2015.4.10	《关于印发 2015 年甘南州推进新型城镇化工作重点的通知》
	2016.9.19	《甘南藏族自治州人民政府办公室关于进一步深化行政审批制度改革工作的通知》
	2017.9.08	《甘南藏族自治州人民政府 关于印发甘南州激发重点群体活力带动 城乡居民增收实施方案的通知》
	2018.05.18	《甘南藏族自治州人民政府办公室关于 印发甘南州 2018 年促进城镇 居民增收工作方案的通知》
临夏州	2010.12.31	《甘肃临夏经济开发区招商引资优惠政策的通知》
玉树州	2009.12.18	《玉树藏族自治州人民政府关于加强三江源（玉树）地区野生动植物保护与管理的通告》
	2012.5.28	《玉树藏族自治州人民政府关于加强法治政府建设的贯彻意见》
	2015.9.30	《玉树藏族自治州人民政府关于玉树州推进简政放权放管结合优化服务转变职能工作进展情况的报告》
	2016.11.28	《玉树藏族自治州人民政府关于成立政府和社会资本合作模式领导小组的通知》

续表

自治州	政策出台时间	政策文件名称
玉树州	2017.8.25	《玉树藏族自治州人民政府关于文化体育工作和脱贫攻坚工作审议意见落实情况的报告》
海南州	2011.6.8	《关于印发海南州教育资金管理暂行办法的通知》
	2011.12.15	《转发州民政局等部门关于海南州城镇社区基础设施建设三年实施计划的通知》
	2014.10.19	《关于加快发展养老服务业的实施意见》
	2015.12.30	《关于进一步做好新形势下就业创业工作的实施意见》
	2016.8.10	《关于在公共服务领域推广政府和社会资本合作模式的实施意见》
	2017.7.27	《关于印发海南州绿色产业发展基金管理办法的通知》
	2018.3.01	《关于印发海南州公立中藏医医院综合改革实施方案的通知》
黄南州	2010.1.20	关于印发《黄南州加快有机畜牧业发展的若干意见》的通知
	2011.4.25	关于印发《2011 年全州农村牧区“千村建设、百村示范”工程建设实施方案》的通知
	2015.11.09	《转发青海省人民政府办公厅关于进一步切实做好农牧民增收工作的通知》
	2016.12.22	《印发黄南州贯彻落实省政府办公厅关于推进财政资金统筹使用实施方案的意见的通知》
	2017.12.06	《转发省文化新闻出版厅等部门关于贯彻落实中国传统工艺振兴计划实施意见的通知》
	2018.7.16	《转发州财政局关于深入推进盘活存量资金常态化改革工作实施方案的通知》
海北州	2010.5.11	《关于全州新农村新牧区建设 2010 年十项实事工程计划的通知》
	2010.11.29	《海北州人民政府关于祁连县阿柔等矿产资源整合实施方案的批复》
	2013.8.20	关于转发《海北州实施未就业大中专毕业生专项就业培训工程暨 2013 年培训工作方案》的通知
	2014.7.15	《海北州人民政府办公室关于印发西海镇及周边环境综合治理实施方案的通知》
	2015.8.14	《海北州人民政府办公室关于印发海北州政府向社会力量购买公共服务实施方案的通知》
	2016.10.27	《海北州人民政府办公室关于进一步落实惠民政策促进农牧民增收的紧急通知》
	2017.7.14	《海北州人民政府办公室关于印发海北州建设领域农民工工资支付保证金管理办法通知》

续表

自治州	政策出台时间	政策文件名称
海北州	2018.03.19	《海北州人民政府办公室印发关于推进海北州重大建设项目批准和实施领域政府信息公开的实施方案的通知》
果洛州	2005.10.25	关于印发《果洛州退牧还草工程饲料粮变现补助资金管理发放办法》和《果洛州退牧还草工程禁牧草场管理办法》的通知
	2015.5.13	果洛州人民政府关于印发《果洛州深化医药卫生体制改革综合试点方案的通知》
	2015.6.08	《果洛州人民政府上海市教育委员会关于成立上海—果洛职业教育联盟的通知》
	2016.1.11	《果洛州人民政府关于促进红十字事业发展的实施意见》
	2009.8.13	《海西州人民政府关于发挥科技支撑作用促进海西经济社会持续快速发展的意见》
海西州	2015.5.15	海西州人民政府办公室关于印发《海西州城乡困难居民临时救助实施细则的通知》
	2016.8.24	海西州人民政府办公室转发《海西州医疗卫生与养老服务相结合实施方案的通知》
	2017.9.11	海西州人民政府办公室关于印发《海西州关于推进医疗联合体建设和发展实施方案的通知》
	2018.6.08	海西州人民政府办公室关于印发《海西州服务业产业融合发展实施意见》的通知
巴州	2011.6.9	《关于命名第二批自治州农业产业化重点龙头企业的通知》
	2011.9.8	《关于印发鼓励和推动企业上市意见的通知》
	2011.12.16	《关于印发加快推进自治州新型工业化建设的实施方案的通知》
	2013.5.09	《关于印发自治州加强生态环境建设保护与整治工作实施方案的通知》
	2014.12.09	《关于促进红十字事业发展的通知》
	2015.8.31	《关于公布第四批自治州农业产业化重点龙头企业名单的通知》
	2016.12.05	《关于加快自治州电子商务发展的意见》
	2017.3.09	关于印发《自治州“五保”老人集中供养和孤儿集中收养工作实施方案》的通知
	2018.3.20	关于印发《自治州进一步贯彻落实特困人员救助供养制度实施方案》的通知
博州	2011.6.23	关于转发《贯彻稳健货币政策支持自治州跨越式发展意见的通知》
	2011.9.5	关于印发《博尔塔拉蒙古自治州农业产业化重点龙头企业认定和运行监测管理暂行办法的通知》

续表

自治州	政策出台时间	政策文件名称
博州	2013.3.05	《关于成立自治州行政服务中心筹建工作领导小组的通知》
	2014.12.17	转发《关于进一步做好清理规范非融资性担保公司和坚决打击非法集资工作的通知》
	2015.10.22	《自治州经济工作专班部署推进 PPP 模式工作》
	2016.12.27	《自治州党委 自治州人民政府 关于大力推动非公有制经济加快发展的实施意见》
	2017.9.30	关于印发《自治州统筹整合项目资金实施贫困村节水灌溉项目工作方案的通知》
	2018.7.02	关于印发《自治州进一步激发民间有效投资活力促进经济持续健康发展实施方案的通知》
克州	2008.10.17	关于贯彻落实《自治区矿产资源加工企业税收向资源地返还暂行办法》的意见
	2010.12.2	关于印发《克孜勒苏柯尔克孜自治州全面推进依法行政第二个五年规划（2010 年—2014 年）》的通知
	2017.12.08	《关于实施质量强州战略的意见》
	2018.4.19	关于印发《2018 年自治州国民经济和社会发展计划主要指标的通知》
	2018.4.13	《关于表彰 2017 年度自治州金融工作先进单位及优秀金融机构的通报》
昌吉州	2003.5.8	《关于进一步完善城市居民最低生活保障制度的通知》
	2006.7.12	关于印发《昌吉市人民政府全面推进依法行政五年规划（2006 年—2010 年）的通知》
	2016.12.20	《昌吉市人民政府关于组建昌吉市市场监督管理局的通知》
	2017.11.13	《昌吉市人民政府关于公布昌吉市地下水超采区、禁采区和限采区范围的通知》
	2018.7.06	《昌吉市人民政府关于取消、调整一批行政许可事项及动态调整部门权责清单的决定》
伊犁州	2015.10.23	《关于进一步做好棚户区改造工作的通知》
	2016.11.23	关于印发《伊犁州直整合城乡居民基本医疗保险制度实施方案的通知》
	2017.11.29	关于印发《自治州落实全国深化“放管服”改革电视电话会议重点任务分工方案的通知》
	2018.05.18	《关于推进农村一二三产业融合发展的实施意见》